Baking Bread

FOOD-FOTOGRAFIE
LISA NIESCHLAG

TEXTE FACTS & IMPRESSIONS
FABIAN KENDZIA, LORENZ RITTER

QR-Codes scannen und wissen, wie es geht!

Zu jedem der 28 Brotrezepte erhalten Sie ein Backvideo. Wenn Sie mit dem Smartphone den QR-Code auf der jeweiligen Rezeptseite scannen, öffnet sich ein Backtutorial als Video.
Alle Videos auf: www.dw.com/bakingbread_de

Baking Bread

DIE BESTEN BROTREZEPTE AUS 28 LÄNDERN EUROPAS

GEORG MATTHES

Es ist ein Abenteuer,

sich kreuz und quer durch die EU zu backen. Eine „Aventure" wie für die Ritter im frühen Mittelalter, eine „ernsthafte Unternehmung von kultureller Bedeutung". Ein Schuss Größenwahn gehörte oft dazu und so wollte auch ich keine kleinen Brötchen backen, sondern die ganze Europäische Union. Säckeweise schleppte ich Mehl ins Haus und ging auf die Suche nach Sauerteigen. Einer kam von meinen belgischen Nachbarn, ein anderer von der dänischen EU-Kommissarin in Brüssel. Jedes Wochenende probierte ich andere Brotrezepte aus, nicht immer mit Erfolg. Es war ein großes Unternehmen mit ungewissem Ausgang. Und meine Familie wie die Kollegen bekamen eine Menge Backwerk zum Probieren.

Gelungen ist dieses Buch am Ende dank meiner Großmutter. In ihrer schwäbischen Küche lernte ich nämlich backen und kochen. Und wenn meine Oma etwas nicht leiden konnte, dann war das aufzugeben. Sie ist 99 Jahre alt geworden, überlebte zwei Weltkriege und hat bis zuletzt in der Küche ihre Spätzle per Hand geschabt. Die Küchentücher, die handgefertigten Kupferbackformen meines Großvaters und der alte Fleischwolf, mit dem ich heute getrocknetes Brot mahle – Erbstücke wie diese erinnern an die fleißigen Großeltern aus Süddeutschland. Omas Mengenangaben trieben mich zwar oft zur Verzweiflung, denn wie viel Gramm um alles in der Welt wiegt ein „walnussgroßes" Stück Hefe? Aber es schmeckte einfach alles viel zu gut, um es nicht selbst ausprobieren zu wollen.

Entscheidend sind dafür natürlich gute Zutaten, wie sie bei Oma im Dorf zum Alltag gehörten. Ich musste nur dem Bach hinterm Haus bis zur Mühle folgen und schon stand ich in einem halbdunklen, lärmerfüllten Raum, der so herrlich nach frisch gemahlenem Korn roch. Noch heute versetzt mich jede frisch geöffnete Packung Mehl zurück in meine Kindheit.

Alles, was man braucht, um die Rezepte aus diesem Buch selbst zu backen, sind also gutes Mehl, Wasser und Salz. Allein damit und gelegentlich mit einem Schuss oder Löffel von einer ganz besonderen Zutat lässt sich eine verblüffende Vielzahl von Produkten aus einem einfachen Elektroofen ziehen. Das ist übrigens auch das Geheimnis von Europa. „In Vielfalt geeint" steht für die gemeinsamen Werte, den Binnenmarkt, die Freiheit, überall zu leben, und die buntesten und unterschiedlichsten Kulturen. Mögen sie blühen und gedeihen, in allen Mitgliedsländern und ihren Backöfen!

Georg Matthes

Die Rezepte zur Rettung der EU

Das Europa, wie wir es kennen, fällt in sich zusammen wie ein überreifer Sauerteig. Die EU-Wahlen im Mai 2019 haben es wieder einmal gezeigt. Im Studio Brüssel der Deutschen Welle fragen wir uns häufig: Wo ist das Rezept, um die EU wieder auf die Erfolgsspur zu führen?

Auch wenn es auf den ersten Blick nicht so scheint: Die Lösung liegt in diesem Buch unseres Deutsche-Welle-Korrespondenten Georg Matthes. Na ja, vielleicht nicht für alles. Aber in Sachen Brot ist der alte Kontinent weltweit führend. In Europa gibt es wahre Backkunst, von Irland im Westen bis Polen im Osten, von Schweden im Norden bis Malta im Süden. Aufschneiden, Butter auf den noch warmen Teig – und schon sind wir mit der EU versöhnt. Ein bisschen zumindest.

Zurück zu den Rezepten zur Rettung der EU. Beim Brot ergänzt sich das deutsch-französische Tandem einwandfrei. Die Deutschen machen das beste Graubrot und die Franzosen das berühmteste Weißbrot der Welt. Die Bäcker in Europa integrieren Migranten ohne Gezeter und mit viel Enthusiasmus, zum Beispiel beim Tigerbrot in den Niederlanden. Klarheit auch bei den Regeln: Wer sich nicht ans Rezept hält, der braucht gar nicht erst in der Küche aufzutauchen. Außerdem hilft Brotbacken beim Stressabbau und manchem Regierungschef in Europa täte es ganz gut, sich ein bisschen zu beruhigen.

Sie sehen, dieses Buch hat viele Antworten, wie es denn weitergehen sollte mit der EU. Mein Kollege Georg Matthes ist genau der richtige Mann, um Ihnen all das näherzubringen, denn er ist nicht nur ein erfahrener EU-Korrespondent, sondern auch ein hervorragender Bäcker. In schwierigen Zeiten (Brexit, Populismus, Terrorismus etc.) hellen seine Brote unseren Studioalltag in Brüssel auf. Geboren wurde die Idee zu diesem Buch übrigens in Straßburg während einer Plenarsitzung des Europäischen Parlaments. Einen passenderen Ort hätte es wohl kaum geben können.

Genießen Sie also nicht nur das Brot, sondern auch den Humor und die Einblicke in die einzelnen Länder unserer Europäischen Union. Oft gilt das Prinzip „Harte Kruste, weicher Kern". Aber nicht immer, denn Europa ist vielfältig – und das ist eine Stärke, keine Schwäche, vor allem beim Brot.

Zeig mir, wie du backst, und ich sag dir, wer du bist. Genau das macht Georg Matthes in diesem Buch. Guten Appetit und lang lebe Europa!

Max Hofmann
Deutsche Welle
Studioleiter Brüssel

Inhalt

28 Länder
und Brotrezepte

FACTS
& IMPRESSIONS

Reihenfolge nach EU-Beitritt >

ALLGEMEINE BACKTIPPS

- Ein Kerntemperaturthermometer ist gerade für Anfänger Gold wert. Die Faustregel für alle Brote in diesem Buch lautet: Ab 97 °C Brotinnentemperatur ist ein Brot fertig gebacken.
- Wer keine frische Hefe hat, kann diese durch Trockenhefe ersetzen. Einfach nur ein Drittel des angegebenen Gewichts verwenden.
- Beim Backen ist Genauigkeit gefragt. Ein Ofenthermometer hilft sehr, die Temperatur im Rohr zu erkennen. Viele Brote werden bei 250 °C gebacken und nicht alle Öfen zeigen, wann die Temperatur tatsächlich erreicht ist.
- Wer unsicher ist, ob ein Teig fertig gegangen ist, macht folgenden Test: Den Teig mit dem Finger leicht eindrücken. Ist der Abdruck bereits nach 2 Minuten nicht mehr zu sehen, braucht der Teig noch Zeit. Sieht man den Abdruck noch leicht, kann das Brot in den Ofen.

WWW.MENGENRECHNER.DE
UNSER KOSTENLOSER SERVICE FÜR SIE

Ausführliche Infos
Seite 203

28 Länder
und Brotrezepte

FACTS & IMPRESSIONS

Roggensauerteigstarter

ZUTATEN
Roggenvollkornmehl
handwarmes Wasser (35 °C)
Roggenmehl (Type 1150)

1. Tag Für die Starterkultur 35 g Roggenvollkornmehl mit 100 g Wasser mischen, in ein Glas (1 l Inhalt) geben, nicht zuschrauben und bei **21–25 °C** stehen lassen. Nach **12 Stunden** das Glas leicht schwenken.

2. + 3. Tag Das Glas alle **12 Stunden** schwenken. Der Ansatz sollte anfangen zu blubbern, aber sich nicht schwarz färben oder schimmeln. Etwas abgesetzte Flüssigkeit ist normal.

4. Tag Morgens 100 g Wasser und 100 g Roggenvollkornmehl einrühren. Abends das Glas wieder leicht schwenken.

5. Tag Die Masse sollte jetzt die Konsistenz einer Mousse au Chocolat haben. In einem Glas (400 ml Inhalt) 25 g des Sauerteigansatzes mit 40 g Roggenmehl und 50 g Wasser mischen (restlichen Sauerteigansatz entsorgen). Den Deckel aufsetzen und etwa **10 Stunden** gehen lassen, bis sich das Teigvolumen verdoppelt hat. Der reife Roggensauerteig ist jetzt (und in den nächsten 3–4 Tagen) bereit, um beim Brotbacken eingesetzt zu werden (links im Bild unten). Eine kleine Menge davon dient dann als Anstellgut für das Brot, das gebacken werden soll.

Aufbewahren und Füttern: Wer nicht gleich backen möchte, stellt das Glas mit dem reifen Roggensauerteig in den Kühlschrank. Nach **1 Woche,** spätestens aber nach **2 Wochen** muss er wieder mit Mehl und Wasser gefüttert werden. Die Formel lautet stets: Pro 25 g Roggensauerteig fügt man 40 g Roggenmehl (Type 1150) plus 50 g Wasser hinzu.

Inspiriert vom schwedischen Hobbybäcker Martin Johansson.

Weizen- oder Dinkelsauerteig

ZUTATEN
Roggensauerteig (Anstellgut, siehe links)
Weizenmehl (Type 550) oder
Dinkelmehl (Type 630)
Wasser (35 °C)

1. Tag Am Morgen 5 g Anstellgut mit 50 g Wasser und 50 g Weizen- oder Dinkelmehl mischen. In ein Glas (1 l Inhalt) füllen, den Deckel aufsetzen und nach **10–12 Stunden** das Glas leicht schwenken.

2. Tag Am Morgen das Glas wieder leicht schwenken und weitere **12 Stunden** gehen lassen. Am Abend 100 g Weizen- oder Dinkelmehl und 100 g Wasser untermischen. Den Deckel aufsetzen und **12 Stunden** gehen lassen.

3. Tag Morgens 25 g Sauerteigansatz in ein kleineres Glas (400 ml Inhalt) umfüllen und 50 g Wasser sowie 50 g Weizen- oder Dinkelmehl zugeben (restlichen Sauerteigansatz entsorgen). Nach etwa **10 Stunden** ist der Weizen- oder Dinkelsauerteig bereit zum Backen. Der Teig sollte jetzt die Konsistenz einer Mousse au Chocolat haben.

Aufbewahren und Füttern: Wer nicht gleich backen möchte, stellt das Glas mit dem Sauerteig in den Kühlschrank. Nach **1 Woche,** spätestens aber nach **2 Wochen** muss der Teig wieder gefüttert werden. Die Formel lautet stets: <u>Pro 25 g Weizen- oder Dinkelsauerteig fügt man 50 g Weizen- oder Dinkelmehl plus 50 g Wasser hinzu</u> (rechts im Bild, Seite 12).

TIPP

Wer mehr Sauerteig benötigt, erhöht die Mehl- und Wassermenge proportional. Wer in den Urlaub fährt, verdoppelt nur die Mehlmenge. So hält sich der Sauerteig im Kühlschrank bis zu 3 Wochen. Wenn sich Flüssigkeit auf dem Sauerteig gebildet hat, abgießen und wieder füttern. Verdoppelt sich die Menge nicht, die Prozedur wiederholen, ohne den Teig in den Kühlschrank zu stellen. Je länger ein Sauerteig geführt wird, desto besser wird er. Nur wenn sich Schimmel bildet, muss man neu anfangen. Immer frische und saubere Gläser benutzen.

Belgien

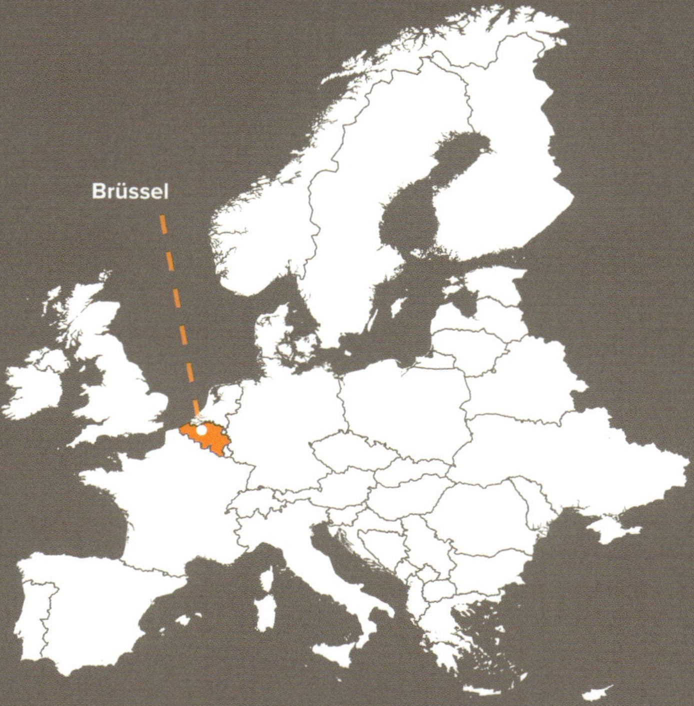

EU-Mitglied seit
1. Januar 1958

Amtssprachen
Niederländisch, Französisch, Deutsch

Fläche
30.688 km²

Einwohnerzahl
11.507.959

Stand: 1. Quartal 2019

Belgien ist wie der Dinkel –

ein kleines Getreide, aber ein ganz großer Säurebilder. Bis heute wird Dinkel hier angebaut und so wie ein schöner Sauerteig braucht auch alles im Königreich seine Zeit. 541 Tage zum Beispiel dauerte die Regierungsbildung zwischen niederländisch sprechenden Flamen und französisch sprechenden Wallonen im Jahr 2010. Die beiden Sprachgemeinschaften in Belgien bilden eine Lebensgemeinschaft ganz wie Milchsäurebakterien und Hefepilze. Seit der Gründung des Landes 1830 wird gestritten. Mal sind die einen sauer, mal die anderen. Doch was dem Rest der EU bitter aufstößt, ist, dass die Belgier aus diesem Streit wirklich das Meiste machen. Jede Region hat ihre eigene Regierung und ihre eigene Volksvertretung. Die nationale Ebene mitgerechnet gibt es sieben Parlamente, die alle bei internationalen Verträgen mitreden dürfen.

Unkompliziert und kreativ sind dagegen die Bürger des Landes. Wie mein Französisch sprechender Nachbar Jean-François Delogne, von dem ich das Rezept für dieses Dinkelbrot bekommen habe. Der Vater von fünf Kindern versorgt mit einer Mikrobäckerei das ganze Viertel mit Brot. So kann der Dinkel seine spezielle Eigenschaft als Stimmungsaufheller rundum entfalten.

ZUM REZEPT >

SO GEHT'S

Inspiriert durch meinen Nachbarn und Hobbybäcker Jean-François Delogne.

Belgiens Dinkelbrot

Pain d'épeautre

ERGIBT 1 BROT

Vorteig

200 g Dinkelmehl (Type 630)
200 g Wasser
2 g Steinsalz
24 g Dinkelsauerteig (Anstellgut, siehe Seite 13)

Hauptteig

960 g Dinkelmehl (Type 630) plus Mehl zum Bestäuben
550 g Wasser
20 g Steinsalz
2 g frische Hefe (optional)
1 EL Grieß zum Bestreuen

AUSSERDEM

Brotschieber
Gärkörbchen (40 cm × 15 cm)

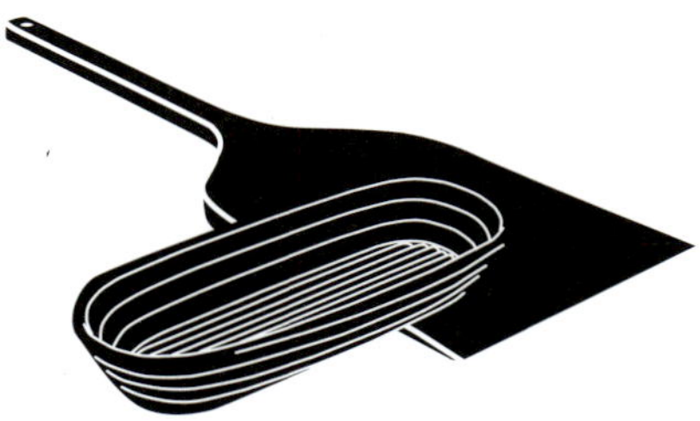

1 Für den Vorteig alle Zutaten in der Schüssel der Küchenmaschine mischen und **10–12 Stunden** über Nacht gehen lassen. **2** Am nächsten Tag für den Hauptteig Dinkelmehl, Wasser und Salz zum Vorteig geben und **5 Minuten** in der Küchenmaschine kneten. **3** Wer auf Nummer sicher gehen will, dass das Brot luftig wird, gibt jetzt die Hefe zu. Dann **8 Minuten** weiterkneten. **4** Den Teig auf eine Arbeitsfläche stürzen und abgedeckt **30 Minuten** entspannen lassen. **5** Dann viermal falten und erneut **30 Minuten** abgedeckt ruhen lassen. **6** Den Teigling mithilfe einer Teigkarte längswirken. Dazu den Teigrand an den Längsseiten mit der Karte in schnellen Bewegungen auf die Unterseite des Teiglings schieben. Nun mit bemehlten Händen auf einer nicht bemehlten Fläche zu sich ziehen, bis die Teigoberfläche schön gespannt ist. Wieder abgedeckt **30 Minuten** ruhen lassen. Den Arbeitsschritt ohne Ruhezeit noch einmal wiederholen. **7** Ein Gärkörbchen mit Dinkelmehl bestäuben und den Teigling hineingeben. Im Kühlschrank bei rund **8 °C** etwa **15 Stunden** ruhen lassen. **8** Den Backofen auf **250 °C Ober-/Unterhitze** vorheizen und eine Auflaufform hineinstellen. **9** Den Brotschieber mit Grieß bestreuen, den Teigling daraufstürzen und mit einem scharfen Messer längs mindestens 1 cm tief einschneiden. In den vorgeheizten Ofen schieben und einen Schuss Wasser in die Auflaufform geben, um Dampf zu erzeugen. **30 Minuten** backen, dabei in den letzten **10 Minuten** für eine krosse Kruste den Ofen zwei- bis dreimal lüften. **10** Herausnehmen und das Pain d'épeautre auf einem Küchengitter auskühlen lassen.

TIPP

Wer kein Gärkörbchen hat, nimmt einfach ein großes Sieb oder eine Schüssel und legt ein gut bemehltes Küchentuch hinein.

Die belgische Lösung

Bei einer Radlerdemo in der belgischen Hauptstadt hängten die Aktivisten an ihrem Treffpunkt im königlichen Park ein Plakat auf: „Hier gibt es nicht nur 5.000 Diplomaten, sondern auch eine Million Einwohner." Sie fühlen sich ein wenig vernachlässigt, obwohl sie vielsprachig und weltoffen sind. Europäische Union, NATO und Tausende von Lobbyisten aber ziehen alle Aufmerksamkeit auf sich. Dabei sind das Land und seine Einwohner durchaus einen zweiten Blick wert. Zum einen haben sie kulturell und kulinarisch mehr zu bieten als Fritten, Bier und Schokolade. Zum anderen zeigen sie, wie Flamen und Wallonen mit ihren verschiedenen Sprachen und Identitäten in einem Land zusammenleben können. Die Antwort heißt: Es geht, ist aber nicht so einfach.

Es geht, ist aber nicht so einfach.

Wenn man im flämischen Vorort Tervuren am Rande Brüssels beim Bäcker eine „Tarte aux pommes" bestellt, fragt die Bäckerin pikiert, ob man wohl eine „appeltaart" wolle. Sie versteht natürlich Französisch, spricht es aber nicht aus. Politisch lösen die Belgier das Problem, indem alle Volksvertretungen doppelt und dreifach vorkommen. Das kostet viel Geld und funktioniert ziemlich schlecht. Die Belgier betrachten das politische Dauerchaos mit Gelassenheit und einem wachen Sinn für das Absurde. Schließlich ist einer der bekanntesten Maler des Landes der Surrealist René Magritte. Und Hergé, Zeichner von Tim und Struppi, hatte auch einen Sinn für abseitige Abenteuer. Andere Landsleute wie Georges Simenon oder Jacques Brel mussten erst nach Frankreich gehen, um berühmt zu werden. Belgier werden eben oft übersehen und ein wenig unterschätzt. Dabei bekam das Land gerade wegen seiner Unaufdringlichkeit den Zuschlag für die Hauptstadt der EU. Belgien konkurriert weder mit den größeren Nachbarn, noch bedroht es sie. Dafür hat es Lebensqualität. Die Restaurants in Brüssel dienen als ausgelagerte Arbeitsplätze für Politiker und Diplomaten und ihre gute Küche als gastronomischer Treibstoff zur Lösung unverdaulicher Probleme. Außerdem beweist das Gastland, wie man das Unmögliche denkbar macht und

Außerdem beweist das Gastland, wie man das Unmögliche denkbar macht und in einen Kompromiss verwandelt. Das Ergebnis wird „belgische Lösung" genannt ...

in einen Kompromiss verwandelt. Das Ergebnis wird „belgische Lösung" genannt und hat einen wesentlichen Beitrag zum Überleben Europas geleistet.

FACTS & IMPRESSIONS

Zahlung an die EU

0,17 €
pro Person
und Tag
(siehe Seite 202)

Vertrauen in die EU

47 %

Lebenszufriedenheit

7,6/10

Entwicklung Einwohnerzahl

–0,9 %
pro Jahr

Belgische Lösungen verschaffen sogar Zutritt zum Verfassungsgericht.

Das weltberühmte Atomium.

Deutschland

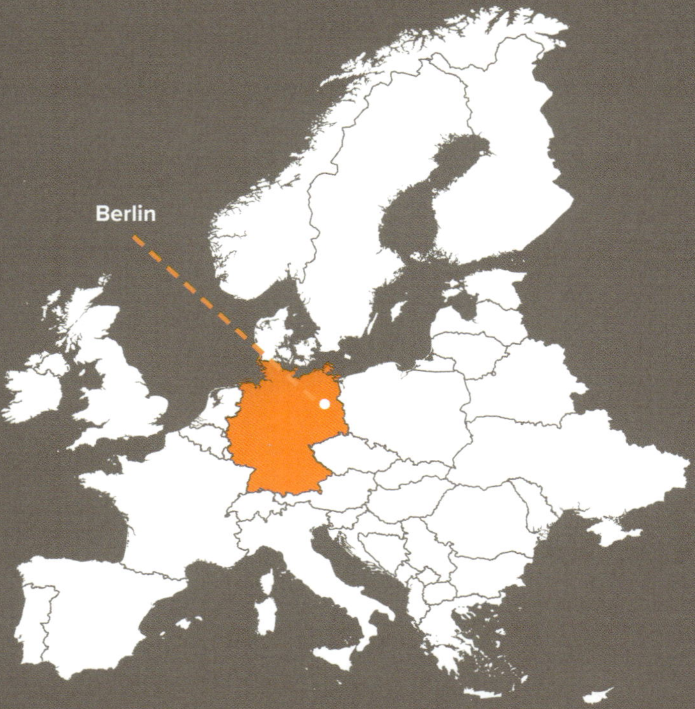

EU-Mitglied seit
1. Januar 1958

Amtssprache
Deutsch

Fläche
357.578 km^2

Einwohnerzahl
82.792.351

Stand: 1. Quartal 2019

In diesem Rezept geht es um Autos, um Fußball und sogar um Recycling –

alles Dinge, die den Deutschen wichtig sind und deshalb in diesem Rezept stecken. Die Wahl fiel nicht leicht, denn das Brotregister des Zentralverbands des Deutschen Bäckerhandwerks zählt rund 3.200 verschiedene Sorten. Am Ende hat mich das Rezept von Lutz Geißler, gelernter Geologe und Deutschlands erfolgreichster Brotblogger, überzeugt.

Wir backen also ein Mischbrot und beginnen mit einem Autolyseteig. Diese bei deutschen Bäckern beliebte Technik ist eine französische Erfindung und die perfekte Überleitung zur deutschen Europapolitik. Wie bei einem Vorteig bereiten sich nämlich Deutschland und Frankreich auf viele Brüsseler Themen gemeinsam vor. In der daraus entstehenden Allianz von Graubrot und Weißbrot hat das Baguette zwar mehr diplomatische Erfahrung, das Graubrot ist dafür reicher und schwerer.

Das liegt auch am recycelten Altbrot, das ich dem Teig hinzufüge. Mit satten zwei Kilogramm ist das Mischbrot, genau wie Deutschland in der EU, das Schwergewicht unter Europas Backwerk. Den original Bäckerstempel „WM" – für Weizenmehl – bekommt der Laib nur, wenn das Mischbrot mehr Weizen als Roggen enthält. Und der wahre Weltmeistertitel kommt überhaupt erst ab vier Kilo ins Spiel.

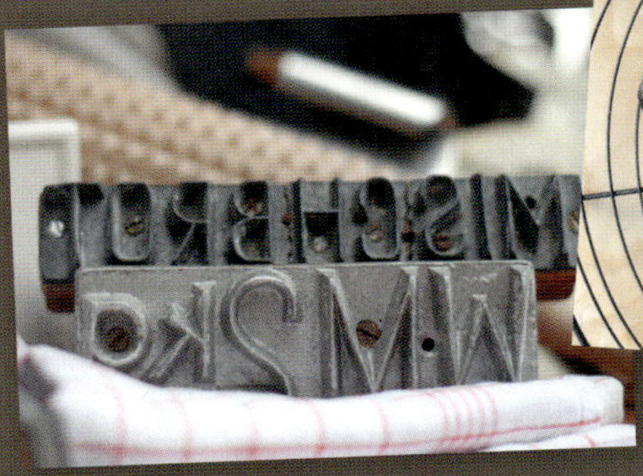

ZUM REZEPT >

SO GEHT'S
WM2kg

Deutschlands Weizenmischbrot

2 kg WM

ERGIBT 1 GROSSES BROT

Vorteig
20 g Roggensauerteig (Sauerteigstarter/Anstellgut, siehe Seite 12)
130 g handwarmes Wasser
80 g Roggenmehl (Type 1150)

Quellstück
60 g altes trockenes Brot
150 g handwarmes Wasser

Autolyseteig
780 g Weizenmehl (Type 1050)
500 g handwarmes Wasser

Hauptteig
390 g Roggenmehl (Type 1150) plus Mehl zum Bestäuben
60 g handwarmes Wasser
25 g Steinsalz
15 g frische Hefe
20 g Honig
15 g Butter
etwas Öl zum Einfetten
etwas Grieß zum Bestreuen

AUSSERDEM
Brotschieber
evtl. Brotstempel
Brotbackstein (alternativ Backblech)

1 Für den Vorteig Anstellgut, Wasser und Roggenmehl in einer Schüssel vermischen und über Nacht gut **16 Stunden** ruhen lassen. Der Teig wirft schöne Blasen und ist fertig, wenn er sich nach oben wölbt. **2** Für das Quellstück das Brot durch einen Fleischwolf drehen, mit dem Wasser mischen und ebenfalls über Nacht **10–12 Stunden** durchziehen lassen, allerdings im Kühlschrank. **60 Minuten** vor der Herstellung des Hauptteigs herausnehmen, damit es nicht zu kalt ist. **3** Für den Autolyseteig das Weizenmehl mit dem Wasser in der Schüssel der Küchenmaschine vermengen und **30 Minuten** stehen lassen. **4** Für den Hauptteig Vorteig und Quellstück in die Schüssel mit dem Autolyseteig geben, Roggenmehl, Wasser, Salz, Hefe und Honig hinzufügen und in der Küchenmaschine **9 Minuten** langsam kneten. Jetzt erst die Butter zugeben und weitere **2 Minuten** schnell kneten. Den Teig in eine leicht geölte Schüssel setzen und rund **60 Minuten** bei **24 °C** gehen lassen oder bis sich das Teigvolumen verdoppelt hat. **5** Dem Teig einen kurzen Hieb versetzen und auf einer

Weiter auf der nächsten Seite >

Deutschlands Weizenmischbrot

2 kg WM

bemehlten Arbeitsfläche noch einmal kurz durchkneten. Jetzt folgt das sogenannte Rundwirken: Von allen Seiten den Teig zur Mitte hin falten und dann mit der Naht nach unten umdrehen. Mit beiden Händen auf einer nicht bemehlten Fläche zu sich ziehen, bis die Teigoberfläche schön gespannt ist. **6** Den Brotschieber mit Grieß bestreuen, den Teigling daraufgeben, abdecken und rund **60 Minuten** gehen lassen, bis sich das Volumen verdoppelt hat. Wer dem Teig einen Stempel verpassen will, kann das nach etwa **15 Minuten** tun. Dazu den Teigling leicht mit Mehl bestäuben. Den Stempel anfeuchten und sanft ins Brot drücken (siehe Stepbild). Abdecken. **7** Den Backofen mit Brotbackstein oder Backblech auf **250 °C Ober-/Unterhitze** vorheizen und eine Auflaufform hineinstellen. **8** Den Teigling mit einem scharfen Messer einschneiden (siehe Stepbild) und direkt auf den Brotbackstein oder auf das nackte, heiße Blech im vorgeheizten Ofen schieben. Eine Tasse Wasser in die Auflaufform gießen, damit Dampf entsteht, und **60 Minuten** backen. Dabei nach **10 Minuten** die Ofentür einmal öffnen, um den Dampf abzulassen, und die Temperatur auf **210 °C** reduzieren. Die letzten **10 Minuten** den Backofen einige Male kurz lüften. So wird die Brotkruste schön kross. **9** Das WM-Brot aus dem Ofen nehmen und auf einem Küchengitter auskühlen lassen.

6

8

TIPP

Alle Rezepte in diesem Buch brauchen Zeit, denn die bringt den guten Geschmack und macht das Brot gesünder. Deshalb backe ich gern große Brote. Was nicht gleich gegessen wird, friere ich in Scheiben geschnitten ein.

Inspiriert von Brotblogger und Rezeptentwickler Lutz Geißler.

Das deutsche Zaudern

Deutschland ist in vielem sehr gut. Etwa im Erfinden von Dingen wie Auto, Glühbirne oder Buchdruck. Es hat große Denker und Dichter von Kant über Goethe bis Einstein hervorgebracht. Talent zeigen die Deutschen auch bei so unterschiedlichen Tätigkeiten wie Bier brauen und trinken sowie Müll trennen und beim Exportieren von Industriegütern. Unschlagbar aber scheinen sie darin, sich selbst runterzumachen. Während die Welt neidisch auf Deutschland als Export- und Stabilitätsweltmeister schaut, nörgeln die Deutschen alles in Grund und Boden. Die Frage „Deutschland – wie weiter?" ist längst Treibmittel für politische Comedy. Und in den Nachbarländern heißt es: „Eure Sorgen möchten wir haben!" Für diesen

Die Frage „Deutschland – wie weiter?" ist längst Treibmittel für politische Comedy.

Gemütszustand gibt es den Begriff der „German Angst", eine Mischung aus Endzeitsehnsucht und Depression.

Historisch betrachtet ist der fehlende Optimismus der Deutschen allerdings eher ein Fortschritt. Ihr früherer Größenwahn hatte im vorigen Jahrhundert schließlich zwei Weltkriege verursacht und Europa an den Rand des Untergangs getrieben. Danach mussten sie jahrzehntelang ihre Vergangenheit bewältigen und politisch Wiedergutmachung leisten. In den Aufbaujahren der EU wurde deshalb jedes Problem mit einem Scheck aus Berlin gelöst. Nach dem Fall der Mauer aber sortierte sich die alte Weltordnung neu, Deutschland stieg zum europäischen Musterschüler auf und die Dinge wurden komplizierter. Begrüßte man den

… Macht und Zaudern als Ausdruck deutscher Politik …

Beitritt der Osteuropäer zur EU noch als politische Morgenröte, ist das Verhältnis etwa zur rechtsnationalen Regierung in Polen derzeit ziemlich zerrüttet. Noch dazu bieten die Beinahepleite in Griechenland wie auch der mögliche Staatsbankrott in Italien weitere Anlässe für „German Angst". Wird die Stabilität des Euro bedroht, malen Wirtschaftsexperten sofort dessen Untergang an die Wand. Bisher aber ist es noch immer gut gegangen – und die Bundeskanzlerin vereint auf unnachahmliche Weise Macht und Zaudern als Ausdruck deutscher Politik in Europa.

Bei Reformen von Klimapolitik, Automotoren oder digitaler Zukunft gewinnt Berlin dagegen keine ersten Preise. In Europa spielt man eben mit verteilten Rollen: Der französische Präsident ist neuerdings für die Visionen zuständig und die deutsche Regierung dafür, dass man keine allzu großen Sprünge macht.

FACTS & IMPRESSIONS

Zahlung an die EU

0,35 €
pro Person
und Tag
(siehe Seite 202)

Vertrauen in die EU

49 %

Lebenszufriedenheit

7,3/10

Entwicklung Einwohnerzahl

+2,1 %
pro Jahr

Goethe- und Schiller-Denkmal in Weimar.

Für „flüssiges Brot“ gilt in Deutschland das Reinheitsgebot.

Frankreich

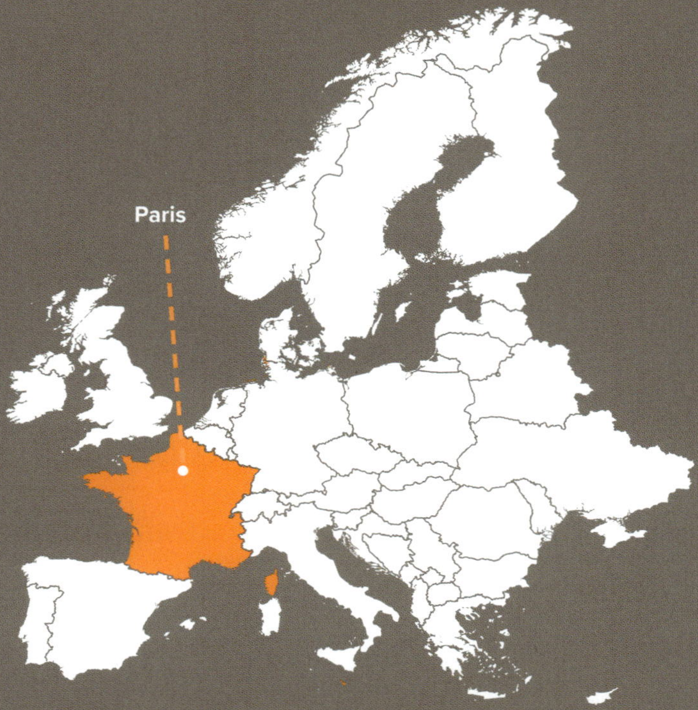

EU-Mitglied seit
1. Januar 1958

Fläche
543.965 km²

Amtssprache
Französisch

Einwohnerzahl
66.926.166

Stand: 1. Quartal 2019

Was wäre die EU ohne diese Nation –

ohne ihren Rotwein, den Eiffelturm und endlose Streiks? Viele Franzosen sehen ihr Land immer noch als die „Grande Nation". Und wenn es um ihr Baguette geht, haben sie sogar recht: Das „Stöckchen" ist das mit Abstand längste Brot in der EU.

Jedenfalls ist es ungefähr so lang wie die Liste der Reformideen von Frankreichs Präsident Emmanuel Macron (siehe unten) für die EU. Seine Rezeptsammlung enthält Pläne für einen europäischen Finanzminister und sogar eine europäische Asylbehörde. Am liebsten würde sich Macron gleich ganz Europa neu backen.

Doch bei diesem Rezept braucht man mehr Feingefühl als Kraft. Es ist nämlich ein sogenannter No-Knead-Teig. Das Baguette verträgt ebenso wenig Druck wie Macrons europäische Partner, wenn es um die Vertiefung der EU geht.

Was besser ankommt, ist das neue Rekordtief beim Haushaltsdefizit. Macron will Frankreich – wie einem Baguette – tiefe Einschnitte zufügen.

Doch was ist schon Geld, wenn es darum geht, als immaterielles Kulturerbe auf der glorreichen Liste der UNESCO geführt zu werden? So wie Italien seine Pizza will Macron das Baguette als kulturelle Errungenschaft anerkennen lassen. Dann würde es noch größer, als es ohnehin schon ist.

ZUM REZEPT >

SO GEHT'S

Frankreichs Stangenbrot

Baguette

ERGIBT 2–3 BAGUETTES

370 g handwarmes Wasser
5 g enzymaktives Backmalz oder Zucker
3 g frische Hefe
550 g Weizenmehl (Type 550) plus Mehl zum Bestäuben
10 g Steinsalz
2 EL Pflanzenöl
1 EL Maismehl oder Grieß zum Bestreuen

AUSSERDEM

Brotschieber

1 Wasser und Backmalz in eine Schüssel geben und die Hefe darin auflösen. Kurz ruhen lassen. **2** Weizenmehl und Salz hinzufügen und gründlich mischen. **3** Eine Schüssel mit dem Pflanzenöl ausstreichen, den Teig hineingeben, abdecken und **80 Minuten** bei Raumtemperatur ruhen lassen. **4** Zwischendurch den Teig dreimal falten. Dazu den Teig aus der Schüssel nehmen, von allen Seiten etwas auseinanderziehen, wie ein Handtuch zusammenlegen und wieder in die Schüssel geben. **5** Das Volumen des Teigs sollte sich nach der Ruhephase deutlich vergrößert haben. Nun die Schüssel mit dem Teig abgedeckt mindestens **2 volle Tage** in den Kühlschrank stellen. **6** Den Teig auf eine bemehlte Arbeitsfläche stürzen und in zwei gleich große Portionen teilen (oder drei, je nach Größe des Ofens). Kleine Pakete formen, indem der Teig von außen zur Mitte gespannt wird. Mit einem Küchentuch abdecken und rund **20 Minuten** ruhen lassen. **7** Die Teigstücke zu Rechtecken leicht platt drücken und die Längsseiten zu je einem Drittel zur Mitte hin einschlagen. **20 Minuten** ruhen lassen. **8** Dann die Teigstücke wieder leicht platt drücken und erneut von beiden

Weiter auf der nächsten Seite >

Frankreichs Stangenbrot

Baguette

Längsseiten je ein Drittel zur Mitte hin einschlagen. Dann die Seitenkanten an der Mittellinie zur Hälfte zusammenklappen und die Naht mit dem Handballen versiegeln. **9** Die Teiglinge mit der Naht nach unten legen und ausrollen. Sie sollten so lang sein, dass sie noch auf das Backblech passen. Anschließend mit den Teignähten nach oben auf ein bemehltes Küchentuch legen und das Tuch zwischen den Teiglingen etwas falten. Bei etwa **22 °C** Raumtemperatur **20–30 Minuten** abgedeckt ruhen lassen. Das Teigvolumen sollte sich deutlich vergrößern. **10** In der Zwischenzeit den Backofen auf **250 °C Ober-/Unterhitze** vorheizen und eine Auflaufform hineinstellen. **11** Den Brotschieber mit Maismehl bestreuen und die Baguettes daraufstürzen. **12** Jetzt die Baguettes mit einem sehr scharfen Messer mehrmals schräg einschneiden. Das Messer vorher in Wasser tauchen, das hilft, damit der Teig nicht kleben bleibt. **13** Die Teiglinge möglichst schnell auf das heiße Backblech im vorgeheizten Ofen schieben und einen Schuss Wasser in die Auflaufform gießen. **20 Minuten** backen und nach **8 Minuten** die Ofentür einmal öffnen, um den Dampf abzulassen. Dann die letzten **5 Minuten** den Backofen kurz lüften, damit die Baguettes schön kross werden. **14** Aus dem Ofen nehmen und die Baguettes auf einem Küchengitter auskühlen lassen.

TIPP

Viele Brote in diesem Buch werden mit Dampf gebacken. Statt Wasser empfehle ich, fünf bis zehn Eiswürfel in die Auflaufform zu geben. Dadurch verteilt sich der Dampf über längere Zeit.

Inspiriert durch Jean-Pierre Cohier und Jean-Noël Julien, Bäcker für französische Präsidenten.

Frankreich ist eine große Nation

Frankreich ist ein Land der Superlative. Es gibt besonders viele Streiks, viele Ferien und eine Extradosis Nationalstolz. Das ständige

Es gibt besonders viele Streiks, viele Ferien und eine Extradosis Nationalstolz.

Beschwören der „Grande Nation“ wirkt ein bisschen angestrengt und gestrig, aber Frankreich ist in der Fläche wirklich das größte Land der EU. Es hat die größte Armee und – dem Brexit sei Dank – die Briten wirtschaftlich überholt. Mit den Deutschen verbindet die Franzosen eine Art Hassliebe, eine Mischung aus Konkurrenz, Misstrauen und verhohlener Bewunderung. Denn in den ersten Jahrzehnten der europäischen Union waren sie in Brüssel unbestritten erste Macht am Platze. Man sprach Französisch, Diplomaten aus Paris gaben den Ton an, Regeln und Gesetze entstanden nach französischem Modell. Denn den edlen Wettstreit darüber, welches Land nun die Wiege der Bürokratie ist, könnte Frankreich durchaus für sich entscheiden. Und weil die Franzosen reformresistent und traditionsverbunden sind, bleibt manch Gestriges in ihren Gesetzbüchern stehen. Etwa das Verbot, sein Schwein nach dem kleinsten der großen französischen Herrscher „Napoleon“ zu nennen. Da bieten sich doch längst andere Namensgeber an, diesseits und jenseits des Atlantik.

Was die hehren Staatsprinzipien Liberté, Fraternité und Egalité betrifft, ist Frankreich keine reine Erfolgsgeschichte. Diese Grundsätze gelten bis heute als Ergebnis der Revolution von 1789, aber wie weit sie sich im französischen Alltag wiederfinden, ist umstritten.

Was die hehren Staatsprinzipien Liberté, Fraternité und Egalité betrifft, ist Frankreich keine reine Erfolgsgeschichte.

Andererseits steht Frankreich für feine Küche, elegante Mode, eine hochnäsige intellektuelle Klasse und insgesamt seine besondere Lebensart. Das Land scheint gefangen im Mythos einer glorreichen Vergangenheit und baut doch den Airbus und die besten Schnellzüge Europas. Außerdem verteidigt niemand die europäische Idee so inständig wie die Franzosen. Es hätte übrigens auch anders kommen können: Während des Zweiten Weltkriegs schlug Winston Churchill dem französischen Exilführer General de Gaulle eine franko-britische Union vor. Nicht auszudenken, was aus einer solchen Ehe von „the frogs“ und „les rosbifs“ geworden wäre, gastronomisch und überhaupt. So aber lassen wir den Nachbarn ihr Gefühl von Grandeur und bestätigen gern, dass Frankreich eine besonders große Nation ist.

FACTS & IMPRESSIONS

Zahlung an die EU

0,19 €
pro Person
und Tag
(siehe Seite 202)

Vertrauen in die EU

34 %

Lebenszufriedenheit

7,1/10

Entwicklung Einwohnerzahl

+0,18 %
pro Jahr

Freiheit, Gleichheit, Brüderlichkeit.

Zehn Milliarden Baguettes gehen jedes Jahr über die Ladentheken.

Italien

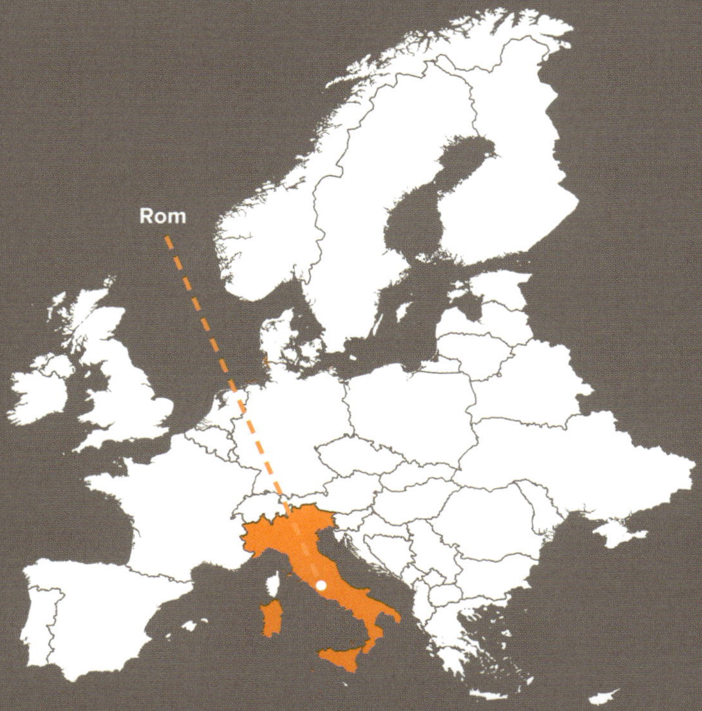

EU-Mitglied seit
1. Januar 1958

Fläche
301.338 km²

Amtssprache
Italienisch

Einwohnerzahl
60.483.973

Stand: 1. Quartal 2019

Kann man aus einem Brot lesen wie aus einer Hand?

Nach einem langen Tag in der Küche habe ich es mit einer Focaccia versucht. Erste Erkenntnis: Für den Belag gibt es keine Regeln – wie beim Autofahren in Italien. Wer genau hinsieht, erkennt zudem Finanzblasen und köstlich verkrustete Strukturen. Aber der Bäcker sieht noch viel mehr. Schon der Focacciateig bläst sich nämlich immer wieder auf, ganz so wie Silvio Berlusconi, Italiens viermaliger Regierungschef. Kein Misstrauensantrag, keine Sexaffäre und kein Gerichtsverfahren konnten ihm je die heiße Luft abdrehen.

In Italien gab es seit Ende des Zweiten Weltkriegs 66 verschiedene Regierungen. Wie Focaccia sind sie eben von begrenzter Haltbarkeit. Italienische Spitzenpolitiker wie Matteo Salvini (siehe unten) oder Luigi Di Maio lassen sich übrigens gern mit einer dicken Focaccia in der Hand filmen. Das soll wohl volkstümlich aussehen. Beide habe ich im Wahlkampf begleitet und musste feststellen, dass die giftigen Parolen gegen Brüssel wenig Substanz haben. Sie richten allerdings so viel Schaden an wie billiges Öl beim Backen des Brots. Das verdirbt nämlich alles und bei der großen Hitze im Ofen bilden die ungesättigten Fettsäuren auch noch freie Radikale. Das ist alles gar nicht gesund.

Fazit: Natürlich kann man Brote lesen. Wer's nicht glaubt, klopfe auf die Rückseite einer fertig gebackenen Focaccia. Klingt schön hohl! Genau wie die Phrasen der europaskeptischen Populisten in Italien.

ZUM REZEPT >

SO GEHT'S

Italiens Fladenbrot

Focaccia

ERGIBT 1 FOCACCIA

Teig

300 g handwarmes Wasser
4 g frische Hefe
400 g Weizenmehl (Type 00)
10 g Steinsalz
3 EL Olivenöl plus Öl zum Einfetten und zum Beträufeln

Belag

2 Zweige Rosmarin
20–25 Cocktailtomaten

1 Für den Teig das Wasser in eine Schüssel geben und die Hefe darin auflösen. Weizenmehl und Salz hinzugeben und alles von Hand mit einem Kochlöffel oder Spatel zu einem glatten Teig kneten. **2** Eine verschließbare Schüssel mit etwas Olivenöl auspinseln, den Teig hineingeben, verschließen und **4 Stunden** bei Raumtemperatur gehen lassen. Einmal pro Stunde (insgesamt dreimal) den Teig jeweils mit 1 EL Öl beträufeln und von allen Seiten wie ein Handtuch falten. **3** Für den Belag den Rosmarin waschen, trocken schütteln und die Blätter abzupfen. Die Cocktailtomaten waschen und halbieren. **4** Ein Backblech mit Backpapier auslegen, den Teig daraufstürzen und behutsam mit den Fingerspitzen ausbreiten. Mit dem Rosmarin bestreuen, die Tomatenhälften mit den Schnittflächen nach oben darauf verteilen und fest in den Teig drücken. Zum Schluss ein wenig Öl auf die Focaccia träufeln. Mit einem Küchentuch abdecken und **20 Minuten** bei Raumtemperatur ruhen lassen. **5** Inzwischen den Backofen auf **240 °C Ober-/Unterhitze** vorheizen. **6** Den Teigling abdecken, das Backblech in den vorgeheizten Ofen schieben und etwa **20 Minuten** goldgelb backen. **7** Focaccia aus dem Ofen nehmen, etwas abkühlen lassen und servieren.

Das Land, in dem Zitronen blühen

Die Italien-Sehnsucht geht eigentlich auf die deutsche Romantik zurück, als blasse Dichter sich auf den römischen Antiken einen Sonnenbrand holten und die Liebesgeschichte mit dem europäischen Süden begann. In den 1950er-Jahren krochen dann die ersten VW Käfer über den Brenner und an der Adria entstand der spätere Teutonengrill. Heute empfängt Italien rund 60 Millionen Touristen im Jahr und Städte wie Venedig oder Florenz müssten eigentlich wegen Überfüllung schließen. Die Mischung aus Dolce Vita, Kirchen und Palazzi sowie Pizza und Pasta ist ein unschlagbarer Besuchermagnet. Apropos: Was in manchen Ländern von Ananas bis Gänseleberpastete auf die Pizza gelegt wird, ist ein Kulturfrevel. Ganz zu schweigen von den gastronomischen Verirrungen in den USA, wo zentimeterdicker Teig und Pizza Mafiosi serviert werden. Womit wir bei der dunklen Seite unseres Lieblingslandes wären, in dem die Grenzen zwischen Politik und Mafia fließend scheinen, der reiche Norden den armen Süden beschimpft, die Verwaltung monströs und die Justiz ewig überlastet ist. Wenn Rom wieder einmal im Müll versinkt, wird klar, dass zu viel Egoismus – aufgefüllt mit Campari – den Alltag in Italien beschädigt.

Die Liebe zu Italien überwiegt alle Zweifel und Probleme.

Derzeit lebt das Gründungsland Europas außerdem im Streit mit der Gemeinschaft. Ausländerhass und Anleihen bei Mussolinis Faschismus machen Brüssel Sorgen. Noch mehr aber tun das die italienischen Staatsschulden von sagenhaften 2,3 Billionen Euro. Diese unvorstellbare Summe würde bei einem Staatsbankrott die Eurozone in die Knie zwingen. Die Regierung in Rom kennt die Ängste und versucht, die EU zu erpressen: Sie will mit noch mehr Schulden ihre Wirtschaft ankurbeln. Experten hoffen dagegen auf die disziplinierende Wirkung des Finanzmarkts, der die Staatsschulden zu teuer machen und Rom zu mehr Vorsicht zwingen könnte.

Aber was zählen all die düsteren Gedanken? Ob in Genua die Autobahnbrücke einstürzt oder Museen wegen Geldmangel schließen – in Erinnerung bleiben das Genie von Leonardo da Vinci, die Kunst Michelangelos sowie aller Renaissance-Meister, die die geistige und künstlerische Wiedergeburt Europas schufen. Nicht zu vergessen die 30 Sorten Eiscreme in der Gelateria um die Ecke, die auch zu den Kulturschätzen gehören. Eine Kugel Amaretto und eine mit dunkler Schokolade – und alles ist vergessen und verziehen.

Italienische Eiscreme gehört eigentlich zu den Kulturschätzen.

FACTS & IMPRESSIONS

Zahlung an die EU

0,16 €
pro Person
und Tag
(siehe Seite 202)

Vertrauen in die EU

36 %

Lebenszufriedenheit

6,7/10

Entwicklung Einwohnerzahl

–0,17 %
pro Jahr

Der arme Süden Italiens – Cefalù auf Sizilien.

Renaissance-Basilika Santa Maria Maggiore in Rom.

Luxemburg

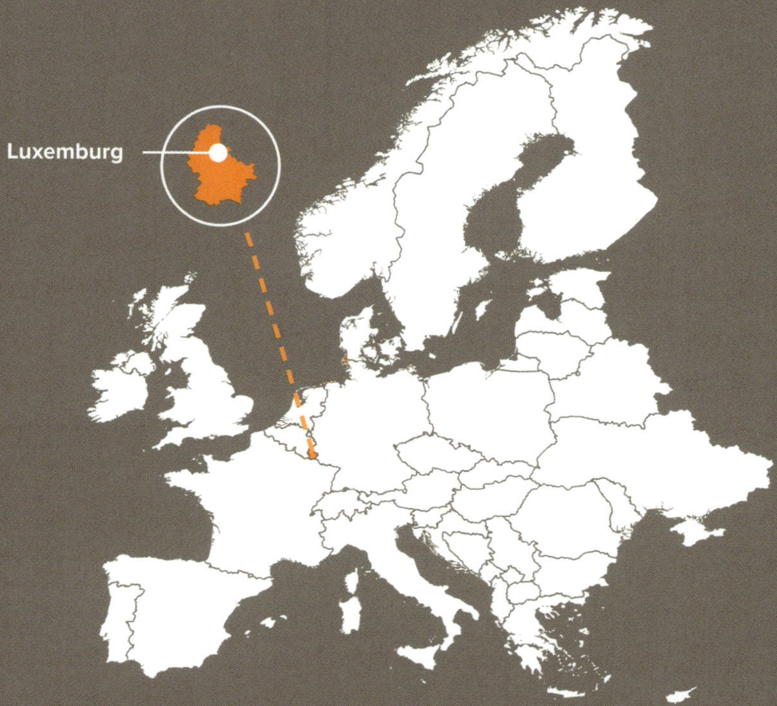

EU-Mitglied seit
1. Januar 1958

Amtssprachen
Luxemburgisch, Französisch, Deutsch

Fläche
2.586,4 km²

Einwohnerzahl
613.894

Stand: 1. Quartal 2019

Luxemburgs Rosinenbrot hat es in sich.

Es ist reich an Aroma und an Kalorien und deshalb ein gutes Sinnbild für sein Heimatland: Das letzte Großherzogtum der Welt ist sowohl Gründerstaat der EU als auch das mit Abstand reichste Land Europas.

Multinationale Konzerne finden sich in Luxemburg so zahlreich wie die Rosinen im „Kirmeskuchen". Umstritten ist dabei, ob sie direkt zur Bereicherung angelockt wurden, etwa mit Steuersparmodellen. Unklar ist auch, ob Jean-Claude Juncker (siehe unten) als damaliger Regierungschef seine Finger im Spiel hatte. Jedenfalls fiel ein Schatten auf den Mann, der trotzdem Chef der EU-Kommission wurde. Und der daran glaubte, dass er Regierungschefs in europäische Form bringen muss. Dabei waren übrigens alle Mittel recht – ein Klaps hinter die Ohren, innigste Umarmungen und Küsse ohne Grenzen. Die gab es übrigens auch für seine Nachfolgerin Ursula von der Leyen, die Juncker beim ersten Treffen gar nicht mehr loslassen wollte.

Beim Backen gibt es zum Glück ein Zeichen, wann mit dem Kneten Schluss ist. Beim sogenannten Fenstertest zieht man ein kleines Stück Teig auseinander und hält es gegen das Licht. Ist es noch undurchsichtig wie das Netz von Briefkastenfirmen in Luxemburg, wird weitergewalkt. Denn zumindest beim Teig zählt am Ende die Transparenz.

ZUM REZEPT >

SO GEHT'S

Luxemburgs Rosinenbrot

Kiirmeskuch

ERGIBT 1 BROT

420 g Weizenmehl (Type 550)
17 g frische Hefe
80 g handwarme Milch
40 g Zucker
2 Eier
35 g weiche Butter plus
  Butter zum Einfetten
1 EL Vanillezucker
8 g Steinsalz
100 g Rosinen
1 Eigelb zum Bestreichen

AUSSERDEM

1 Kastenform (ca. 25 × 11 × 7 cm)

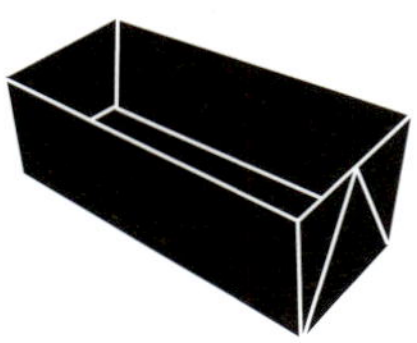

1 Das Weizenmehl in eine große Schüssel geben und eine Mulde formen. Die Hefe hineinbröseln, Milch und 1 TL Zucker zugeben und in der Mulde mischen. Mit einem Küchentuch abdecken und **15 Minuten** bei Raumtemperatur ruhen lassen – es müssen ordentlich Blasen entstehen. **2** Restlichen Zucker, Eier, Butter, Vanillezucker und Salz hinzufügen und alles zu einem elastischen Teig verkneten, der nicht mehr klebt – in der Küchenmaschine dauert das auf zweiter Stufe **6–8 Minuten** (der Teig muss sich vom Schüsselboden lösen), mit der Hand **10–12 Minuten.** **3** Dann die Rosinen in den Teig einarbeiten, abdecken und **30 Minuten** ruhen lassen, bis sich das Teigvolumen verdoppelt hat. **4** Den Teig längswirken, also von allen Seiten etwa zehnmal in die Mitte falten, um Spannung aufzubauen. Zum Schluss umdrehen und mit beiden Händen auf einer nicht bemehlten Fläche zu sich ziehen. **5** Die Backform mit Butter einfetten. Den Teig hineingeben, abdecken und **45 Minuten** gehen lassen. **6** Inzwischen den Backofen auf **190 °C Ober-/Unterhitze** vorheizen. **7** Die Teigoberfläche mit Eigelb bestreichen und im vorgeheizten Ofen **25 Minuten** backen. **8** Herausnehmen, den Kiirmeskuch aus der Form stürzen und auf einem Küchengitter auskühlen lassen.

TIPP

Wenn die Oberfläche bereits sehr braun geworden ist, das Brot aber noch weiterbacken muss, einfach mit Alufolie abdecken.

Kleines Land ganz groß

„So ein kleines Land ist wie ein Motorboot, man kann es schnell umsteuern“, erklärte vor ein paar Jahren ein Luxemburger Banker den außergewöhnlichen Erfolg seiner Heimat. Denn trotz geringer Fläche und Einwohnerzahl hat Luxemburg politisch und wirtschaftlich viel Einfluss in Europa. Vor allem der Finanzplatz ist berühmt, aber auch berüchtigt. Jahrzehntelang konnten betuchte Deutsche und Franzosen dort ihr Geld vor der Steuer verstecken. Und als die Unantastbarkeit des Bankgeheimnisses endete, erfand man sich neu als Steuerparadies für Unternehmen. Starbucks, McDonald's und andere multinationale Unternehmen rechneten sich mithilfe der luxemburgischen Steuerbehörden arm. Als die Sache aufflog, war der frühere Premierminister Jean-Claude Juncker gerade EU-Kommissionspräsident in Brüssel geworden und der Skandal schlug große Wellen.

Ein kleines Land kann man schnell umsteuern.

Aber schon früher wusste man sich in Luxemburg in jeder Lage zu helfen. Als in den 1960er-Jahren Arbeitskräfte für die Eisen- und Stahlindustrie gebraucht wurden, öffnete man die Grenzen für das Armenhaus Europas. Hunderttausende Portugiesen fanden im Grenzland zwischen Belgien, Frankreich und Deutschland ihr Auskommen. Inzwischen stellen sie 16 % der Bevölkerung und sorgen für die Belebung der örtlichen Gastronomie. Bei aller Weltoffenheit und europäischen Integration hat es das kleine Land geschafft, seine eigene Sprache zu erhalten. Neben Letzeburgisch werden Deutsch, Französisch, Englisch und Portugiesisch gesprochen, was die Luxemburger zu idealen Europäern macht. Ihre eigene Art der Beharrlichkeit mussten sie dabei zuletzt bei Napoleon III. praktizieren, der dem König der Niederlande das Ländchen abkaufen wollte. Die Bürger wehrten sich mit dem Slogan „Mer welle bleiwe, wat mer sinn“ und konnten so auch durch die politischen Stürme des 20. Jahrhunderts ihre Unabhängigkeit wahren. Als bei der Gründung der EWG dann der europäische Kuchen verteilt wurde, schrien die Luxemburger so laut „Hier!“, dass sie den Europäischen Gerichtshof und einen Wanderzirkus von Ministerräten gewinnen konnten. Für seine Verdienste um Europa erhielt das Land übrigens 1986 den Karlspreis. Eine schöne Ehrung für die besondere luxemburgische Mischung aus Idealismus und Schlitzohrigkeit.

Luxemburg weiß sich in jeder wirtschaftlichen Lage zu helfen.

FACTS & IMPRESSIONS

Zuschuss von der EU

0,06 €
pro Person
und Tag
(siehe Seite 202)

Vertrauen in die EU

56 %

Lebenszufriedenheit

7,5/10

Entwicklung Einwohnerzahl

+1,93 %
pro Jahr

Luxemburg ist Sitz des Europäischen Gerichtshofs.

Blick über die Hauptstadt.

Niederlande

EU-Mitglied seit
1. Januar 1958

Amtssprache
Niederländisch

Fläche
51.543 km^2

Einwohnerzahl
17.181.084

Stand: 1. Quartal 2019

Die Niederländer sind alle „Feierbiester", …

… hat Fußballtrainer Louis van Gaal einmal gesagt und der Beweis liegt im Brot: Holland lässt es gern so richtig „krachten". Keine Kruste in Europa ist so knusprig wie die des Tigerbrots. Und wie das Nationalsymbol, die Tulpe, kommt auch die besondere Reispaste als Zutat aus Asien. Ursprüngliche Heimat der Tiger – und des Marihuanas.

In Europas Kifferparadies werden genau fünf Gramm zum Eigenkonsum toleriert. Ich habe dem Originalrezept aber ganze 50 Gramm hinzugefügt. Hanfsamen (siehe unten) allerdings, deren geschälte Kerne dem Brot mehr Biss verleihen. Und statt der Droge THC liefern hier Omega-3-Fettsäuren den besonderen holländischen Kick.

In Großbritannien heißt das Tigerbrot übrigens auch Giraffenbrot. Ein Tier, das die Römer einst „Kamelopard" nannten, halb Kamel und halb Leopard eben. Der niederländische Regierungschef Mark Rutte (siehe unten) nahm diese Anekdote zum Anlass, gleich die ganze EU mit einer Giraffe zu vergleichen: „Ein Tier, das ob seiner Vielfalt schwer zu definieren, aber dank der gemeinsamen Werte stets leicht zu erkennen ist."

ZUM REZEPT >

SO GEHT'S

TIPP

Oft gerät ein Teig zu weich, denn verschiedene Mehlsorten nehmen unterschiedlich viel Wasser auf. Statt also einen zu feuchten Teig mit Mehl anzudicken, empfehle ich, zunächst nur einen Teil der Flüssigkeit hinzuzugeben.

Niederländisches Tigerbrot

Tijgerbrood

ERGIBT 1 GROSSES BROT

Teig

280 g handwarmes Wasser
0,8 g frische Hefe
600 g Weizenmehl (Type 550)
100 g Milch
10 g Steinsalz
50 g geschälte Hanfsamen (optional)
10 g weiche Butter
1 EL Sonnenblumenöl zum Einfetten

Tigerpaste

10 g frische Hefe
70 g handwarmes Wasser
70 g Reismehl
2 TL Zucker
2 TL asiatisches Sesamöl
1 Prise Steinsalz

AUSSERDEM

großer Bräter

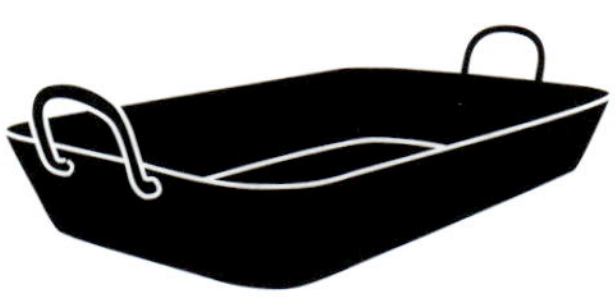

1 Für den Teig das Wasser in eine große Schüssel geben und die Hefe darin auflösen. Weizenmehl, Milch, Salz, Hanfsamen und Butter zugeben und von Hand untermischen. **2** Eine Schüssel mit Öl einfetten, den Teig hineingeben, verschließen und rund **20 Stunden** bei Raumtemperatur auf das doppelte Volumen gehen lassen. **3** Dieser No-Knead-Teig wird, wie der Name sagt, nicht geknetet, muss aber gefaltet werden, und zwar zweimal: das erste Mal nach **8 Stunden,** das zweite Mal nach weiteren **8 Stunden.** Dazu den Teig von vier Seiten je einmal zur Mitte hin falten. **4** Nach der Ruhezeit den Teig längswirken, also von allen Seiten in die Mitte falten, dann mit der Naht nach unten umdrehen. Mit beiden Händen auf einer nicht bemehlten Fläche zu sich ziehen, bis die Teigoberfläche schön gespannt ist. Auf Backpapier legen, abdecken und **50 Minuten** gehen lassen. **5** Für die Tigerpaste alle Zutaten gut mischen und etwa **30 Minuten** abgedeckt gehen lassen. **6** Inzwischen den Backofen auf **250 °C Ober-/Unterhitze** vorheizen und den Bräter in den Ofen stellen. **7** Den Teigling mit der Paste übergießen, dabei sollte auf dem Backpapier möglichst wenig davon landen, deshalb mit einem Backpinsel nachhelfen. **8** Den heißen Topf aus dem Ofen nehmen und das Brot mit dem Backpapier vorsichtig hineinsetzen. **9** Den Deckel auflegen und im vorgeheizten Ofen **40 Minuten** backen, dabei nach **20 Minuten** den Deckel abnehmen und die Hitze auf **190 °C** senken. **10** Herausnehmen und das Tigerbrot auf einem Küchengitter auskühlen lassen. Erst nach **60 Minuten** anschneiden – keine Sorge, es bleibt knusprig.

Gouda ist der beste Käse

Willem-Alexander, König der Niederlande, wird im Volksmund „Prinz Pils" genannt. Er hatte nämlich in seiner Jugend als Student recht gern und häufig ins Bierglas geschaut. Ein glückliches Volk, das seinem Monarchen einen so nett-despektierlichen Spitznamen verpasst! Überhaupt muss das Königshaus sich volksnah und bürgerlich zeigen. Sonst kommt schnell die Frage auf, ob die niederländischen Steuerzahler dafür noch Geld ausgeben möchten. Denn sie sind sparsam wie die Schotten und nehmen gern belegte Brötchen und Kaffee in der Thermoskanne mit auf die Urlaubsreise. Obwohl fast die Hälfte der Niederländer heute keiner Religion mehr angehört, steckt ihnen der Calvinismus irgendwie noch tief in den Knochen. Sparsamkeit und Fleiß standen bei dieser eher lustfeindlichen Variante des Protestantismus ganz oben. Daher ist man in den Niederlanden auch enorm leistungsbewusst und enorm erfolgreich. Die Wirtschaft brummt, Rotterdam ist der größte Hafen Europas, das kleine Land exportiert Blumen, Gemüse, Technologie und Logistik nach überall.

Niederländer tun sich schwer mit dem Geldausgeben.

Ihren blühenden Wohlstand haben die Niederlande durchaus auch der EU zu verdanken. Dennoch ist ihre Liebe zur Gemeinschaft höchstens lauwarm: Sie schätzen zwar den freien Handel und die offenen Grenzen, pflegen aber ihr nationales Selbstbewusstsein. Im Kern steckt hier ein Paradox: Einerseits haben die Niederländer beim lebenswichtigen Deichbau den Wert der Zusammenarbeit gelernt, ihre Demokratie erscheint solide und ist auf Kompromiss gebaut. Dennoch taucht alle paar Jahre ein neuer politischer Rattenfänger auf, von Pim Fortuyn über Geert Wilders bis zuletzt Thierry Baudet. Sie spielen mit Ausländerhass, Frauenfeindlichkeit oder was sonst gerade Mode ist. Fast scheint es, die ordentlichen Bürger sehnten sich in ihrem reichen und aufgeräumten Land irgendwie nach dem wilden Leben. Abgesehen davon ist man in den Niederlanden von sich und seiner Lebensform aber ziemlich überzeugt: Gouda ist der beste Käse und frittierte Fleischbällchen sind ein Leckerbissen. Wer Gardinen in die Fenster hängt, hat was zu verstecken, und man kann auch bei Wind und Regen mit dem Rad zur Arbeit fahren. Bei alledem machen sie ziemlich viel richtig: In den Niederlanden leben, so zeigt eine Studie der UNICEF, die glücklichsten Kinder der Welt.

„Patatje Orlog" sind Pommes frites mit Zwiebeln, Mayonnaise und Satésauce.

FACTS & IMPRESSIONS

Zahlung an die EU

0,22 €
pro Person
und Tag
(siehe Seite 202)

Vertrauen in die EU

50 %

Lebenszufriedenheit

7,8/10

Entwicklung Einwohnerzahl

+1,81 %
pro Jahr

Xavier Bettel (Premierminister von Luxemburg), Theresa May (ehemalige Premierministerin von Großbritannien) und Mark Rutte (von links nach rechts).

Traditioneller Käsemarkt in Alkmaar.

Dänemark

EU-Mitglied seit
1. Januar 1973

Fläche
42.921 km²

Amtssprache
Dänisch

Einwohnerzahl
5.781.190

Stand: 1. Quartal 2019

Manche Dinge sind leichter getan als gesagt.

Das gilt auch beim Backen und ganz besonders für dieses dänische Roggenbrot, das sogenannte Rugbrød. Höllisch schwer auszusprechen, aber ganz einfach herzustellen.

Das Rezept und sogar den Sauerteig dafür habe ich von einer der mächtigsten Politikerinnen Europas bekommen. Margrethe Vestager hat als Wettbewerbskommissarin der EU Milliardenstrafen gegen amerikanische Digitalriesen wie Google oder Apple verhängt. Und weil das schwerer getan als gesagt ist, suchte sie in der Küche danach Entspannung beim Brotbacken.

Ich habe das Rezept etwas fortgeschrieben und vier verschiedene Varianten entwickelt. Das entspricht genau den Ausnahmeregelungen, die das kleine Dänemark erstaunlicherweise in der EU genießt. Denn es hat Probleme beim Mitmachen. Also kein Euro, keine gemeinsame Verteidigungspolitik, keine Zusammenarbeit bei Justiz und Polizei für die eigenwilligen Dänen.

Dabei ist ihnen das Rugbrød angesichts ihrer anderen Qualitäten wie auf den „Laib“ geschneidert. Denn die Krume ist so feinporig wie das soziale Sicherheitsnetz, die Kruste hält alles zusammen wie das kostenlose Gesundheitswesen und weil das Königreich auch ein großes Bierland ist, kommt ein guter Schluck Gerstensaft in den Teig. Skål, Dänemark!

ZUM REZEPT >

SO GEHT'S

TIPP

Warten lohnt sich. Das Brot am besten erst am nächsten Tag anschneiden. Es hält sich mehrere Tage frisch und gewinnt sogar an Geschmack.

nspiriert von Margrethe Vestager, EU-Wettbewerbskommissarin und Vizepräsidentin.

Dänemarks Roggenbrot

Vestagers Rugbrød

ERGIBT 1 GROSSES BROT

Vorteig

60 g Roggensauerteig (Anstellgut, siehe Seite 12)
690 g handwarmes Wasser
16 g Steinsalz
30 g Zuckerrübensirup
375 g Roggenvollkornmehl (Type 1150)
375 g feines Roggenbackschrot (Type 1800)

Hauptteig

150 g helles oder dunkles Bier
150 g Weizenmehl (Type 1050)
Butter zum Einfetten
Haferflocken zum Ausstreuen und evtl. Dekorieren

Optional für Variante

2: 50 g Sonnenblumenkerne
50 g Kürbiskerne
30 g Leinsamen

3: 130 g ganze Roggen-, Weizen- oder Dinkelkörner

4: 80 g frisch geriebene Karotten

AUSSERDEM

Kastenform (ca. 30 × 12 × 8 cm)

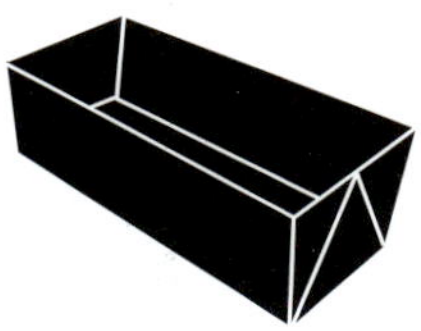

1 Für den Vorteig alle Zutaten in einer Schüssel gründlich vermischen und abgedeckt über Nacht **10–12 Stunden** bei Raumtemperatur gehen lassen. **2** Für den Hauptteig Bier und Weizenmehl zum Vorteig geben und alles gründlich mischen. **3** Die Kastenform ordentlich mit Butter einfetten und leicht mit Haferflocken ausstreuen. Den Teig hineingeben und mit einem in Wasser getauchten Gummischaber glatt streichen. 2 cm Platz sollte der Teig nach oben haben, um in der Form aufzugehen. Mit einer Gabel mehrfach einstechen, nach Belieben mit Haferflocken dekorieren. Abdecken und warten, bis der Teig bis zum Rand gestiegen ist. Das dauert bei Raumtemperatur **(22 °C)** rund **90 Minuten. 4** Inzwischen den Backofen auf **230 °C Ober-/Unterhitze** vorheizen und eine Auflaufform hineinstellen. **5** Die Kastenform in den vorgeheizten Ofen setzen und etwas Wasser in die Auflaufform gießen, um Dampf zu erzeugen. **80 Minuten** backen, dabei nach **10 Minuten** die Temperatur auf **190 °C** reduzieren und die Ofentür einmal öffnen, um den Dampf abzulassen. **10 Minuten** vor Backzeitende das Brot aus der Form nehmen, auf das Backofengitter setzen und zu Ende backen. **6** Herausnehmen und das Rugbrød auf einem Küchengitter mindestens **1 Tag** auskühlen lassen.

Variante 2: Sonnenblumenkerne, Kürbiskerne und Leinsamen **10–12 Stunden** über Nacht in Wasser einweichen und mindestens **60 Minuten** in einem Sieb abtropfen lassen, bevor die Mischung in den Hauptteig eingearbeitet wird. Biermenge dafür um 20 g reduzieren. **Variante 3:** Ganze Roggen-, Weizen- oder Dinkelkörner in Wasser kochen, bis es verdampft ist. Abtropfen und abkühlen lassen, zum Hauptteig geben. Biermenge dafür um 20 g reduzieren. **Variante 4:** In den Hauptteig frisch geriebene Karotten einarbeiten. Biermenge dafür um 30 g reduzieren.

Radfahren und Kuchen bei Kerzenlicht

Das bekannteste dänische Wort ist derzeit „hygge“. Diese Mischung aus „heimelig“ und „gemütlich“ hat den Verkauf von Schaffellen

„Hygge“ steht für Kaffee mit Freunden, Kerzen und Schaffelle.

und Kerzen europaweit angekurbelt und sogar eine eigene Zeitschrift hervorgebracht. Hygge ist, wenn man mit ein paar guten Freunden die Lichter anzündet, Kaffee trinkt und dazu süße Teilchen isst. Da das Leid der Welt als Gesprächsthema dabei nicht taugt, bietet sich der übliche Klatsch über die Nachbarn, das Wetter und Oles neues Fahrrad an. Denn Kopenhagen ist die Fahrradhauptstadt Europas, in der die meisten Bürger den Weg zur Arbeit auf dem Rad absolvieren und Autofahren uncool ist. Im restlichen Skandinavien gelten die Dänen übrigens als die Italiener des Nordens, lebenslustiger und irgendwie emotionaler. Neuerdings gibt es in Kopenhagen und Umgebung, wo früher der Fischschwanz auf Kartoffelbrei herrschte, auch exzellente Restaurants und einen neuen kulinarischen Stil.

Die dänische Demokratie hat einen besonders guten Ruf. Umso mehr, seitdem Europa die Fernsehserie „Borgen“ gesehen hat, die den Aufstieg der fiktiven Politikerin Brigitte Nyborg zur ersten Premierministerin des Landes schildert. Sie hat nämlich Probleme mit Kindern, Exmann und Geliebtem wie jede ganz normale Frau. Im echten Leben hat Dänemark inzwischen schon die zweite Frau als Regierungschefin. Und die Sozialpolitik im Land gilt immer noch als vorbildlich. Ein Schatten fällt allerdings auf die Idylle: Ähnlich wie bei den schwedischen Nachbarn haben die Rechtspo-

Eine neue Ausländerfeindlichkeit hat Schatten auf die dänische Liberalität geworfen.

pulisten den etablierten Parteien viele Wählerstimmen abgerungen. Sie machen mit Ausländerfeindlichkeit und Hass gegen Migranten Furore. Die damalige Regierung kam unter Druck und beugte sich: Die offene Grenze nach Deutschland wurde geschlossen und ein Gesetz, wonach Migranten zugunsten der Sozialkasse ihr Erspartes abgenommen werden kann, befleckt seitdem die vermeintliche nordische Liberalität. In Europa spielen die Dänen seit jeher eine Sonderrolle und beanspruchen eine ganze Reihe von Ausnahmeregelungen. Mit Spannung guckt der Rest Europas, welchen Weg die neue Premierministerin geht. Sie muss vorsichtig zwischen ihren rechtslastigen Wahlversprechen und den Wünschen der linken Koalitionspartner balancieren. Der Job dürfte ihr nicht leichter fallen als dem Fernsehvorbild aus der Serie „Borgen“.

FACTS & IMPRESSIONS

Zahlung an die EU

0,33 €
pro Person
und Tag
(siehe Seite 202)

Vertrauen in die EU

57 %

Lebenszufriedenheit

8/10

Entwicklung Einwohnerzahl

–0,56 %
pro Jahr

Dänische Beschaulichkeit.

Die Fahrradhauptstadt Kopenhagen.

INSIDE THE EU

EU-Wettbewerbskommissarin und Vizepräsidentin.

„Brot ist bei mir immer griffbereit …“

BROTZEIT MIT MARGRETHE VESTAGER

GM Frau Vestager, Ihr Brotrezept ist ausgesprochen lecker und der Sauerteig hat es ja in sich.

MV Das freut mich. Ja, den Sauerteig habe ich schon eine Ewigkeit.

GM Im Jahr 2017 brummten Sie als Wettbewerbskommissarin erst Google eine massive Strafe auf und sind dann nach Hause gegangen, um dieses Roggenbrot zu backen.

MV Na ja, ich arbeite viel mit Worten und ich mache das ja schon sehr lange. Das heißt, ich bin in Besprechungen, lese und schreibe und am Ende des Tages brauche ich etwas Handfestes, etwas, das ich sehen und fühlen kann. In manchen unserer Wettbewerbsfälle dauert es ziemlich lange, bis es Resultate gibt. Und wenn man wie ich eine eher ungeduldige Person ist, möchte man, dass Dinge schneller passieren.

GM Wann schieben Sie denn Ihr nächstes Brot in den Ofen? Google haben Sie ja jetzt schon dreimal bestraft …

MV Ich backe viel öfter, als ich tatsächlich Strafen verhängen kann. Denn ich habe immer etwas frisch Gebackenes zu Hause. Oder ich backe eine doppelte Portion und friere einen Teil ein. Brot ist bei mir immer griffbereit, zum Beispiel als schneller Snack mit einem schönen Spiegelei.

GM Wo würden Sie sagen, haben Sie größere Schwächen: beim Brotbacken oder in der Politik?

MV Ein Sauerteig ist keine einfache Angelegenheit. Damit zu backen, ist ein wenig verzwickt und braucht viel Sorgfalt und auch Aufmerksamkeit. Andererseits gilt das für Menschen ja auch.

GM Ich habe als Bäcker gemerkt, dass man streng die Regeln befolgen muss, aber auch Intuition braucht. Gilt das auch für die Politik?

MV Ich denke, Intuition kommt mit Erfahrung. Ich habe mittlerweile ein ganz gutes Gespür dafür entwickelt, ob jemand bereit ist, mit mir an einem Strang zu ziehen. Zum Beispiel, ob ein Gesprächspartner uns wirklich helfen will, einen Unternehmenszusammenschluss über die Bühne zu bringen. Vorausgesetzt natürlich, die Konsumenten haben die gleiche Wahl an Produkten, zahlen keine höheren Preise. Natürlich muss alles im Rahmen der Gesetze ablaufen, aber dann kann Intuition durchaus eine Sache beschleunigen und für alle einfacher machen.

GM Wenn Sie an Dänemark und Ihr Roggenbrot denken: Was haben die beiden gemeinsam?

MV Schauen Sie, nur zwei Scheiben von diesem Roggenbrot reichen und ich habe Energie für den ganzen Tag. Aber wenn ich ein Croissant esse, habe ich nach einer Stunde schon wieder Hunger. Und wenn jemand das Brot anhebt, stellt er fest, das Brot hat Gewicht. Also, ja, ich denke, es gibt einige Zusammenhänge. In Dänemark nehmen wir nichts auf die leichte Schulter.

GM Ich habe beim Backen dieses Brotes auch an die vier Ausnahmeklauseln gedacht, die den Dänen erlauben, in entscheidenden Bereichen der EU nicht mitzumachen. Es gibt also vier verschiedene Varianten.

MV Das ist ja super, aber es bringt mich in eine Zwickmühle. Die Brote gefallen mir, aber die nationalen Vorbehalte Dänemarks in der EU würde ich gern loswerden. Die Dänen sind da zwar ziemlich dagegen, aber ich denke, Dänemark wäre ein sehr gutes volles EU-Mitgliedsland. Große Themen, mit denen wir uns in der EU derzeit auseinandersetzen, wie der Klimawandel, die Sicherheit in Europa und der Schutz von Flüchtlingen, kennen keine Grenzen. Also: Je enger wir in diesem Feld zusammenarbeiten, desto besser.

GM Frau Kommissarin, ich habe ein Geschenk für Sie: das Schwergewicht in meiner Serie, ein deutsches Mischbrot.

MV Das sieht ja toll aus. Eine echte Schönheit und wirklich ein Schwergewicht.

GM Nehmen Sie so auch die Deutschen in der Politik in Europa wahr?

MV Was ich an den Deutschen schätze, ist, dass sie ihre Interessen durch eine europäische Brille sehen. Die Deutschen machen das am besten in Europa und das ermöglicht viele Dinge in der EU. Eines aber ist für mich immer klar – und das habe ich schon in der dänischen Innenpolitik gelernt: Wenn du wirklich Hilfe brauchst, kannst du dich immer an die Deutschen wenden.

GM Ich habe Ihnen auch eine meiner Backschürzen mitgebracht, die können Sie ja tragen, wenn der nächste Internetriese eine Strafe kassiert.

MV Genau, dann gehe ich nach Hause, ziehe die Schürze an, atme tief ein und nach dem Backen werde ich wieder völlig entspannt sein.

Irland

EU-Mitglied seit
1. Januar 1973

Amtssprachen
Irisch, Englisch

Fläche
70.273 km²

Einwohnerzahl
4.830.392

Stand: 1. Quartal 2019

Frustriert? Kenne ich. Den ganzen Tag nix gebacken bekommen? Kenne ich auch. Man guckt in die Röhre und gleich kommen die Gäste ...

Da hilft nur eins: das Glück der Iren. Aus der Republik Irland kommt nämlich Europas schnellstes Brot. Keine Hefe, kein Sauerteig, kein Warten, kein Aufgehen. Irlands Sodabrot ist der Rennwagen unter den Backprodukten in diesem Buch.

Natriumhydrogencarbonat heißt das Geheimnis. Es kam im frühen 18. Jahrhundert aus Amerika in das verarmte Irland und feierte unter dem Trivialnamen „Baking Soda“, also Backnatron, seinen Durchbruch. Das günstige Triebmittel machte Brot plötzlich für alle erschwinglich.

Man muss also nur kurz rühren und den Zauber aus Amerika wirken lassen. Bis heute ist das sowieso ein Erfolgsrezept der Iren. Denn wie das Backnatron ließen Investitionen aus den USA und der Europäischen Union in den 1990er-Jahren die irische Wirtschaft aufgehen und zum „keltischen Tiger“ heranwachsen.

Die Chemie zwischen Iren und Amerikanern wirkt übrigens in beide Richtungen. Letztere haben aus Irland Halloween, Einhörner und mindestens 22 US-Präsidenten übernommen. Männer mit irischen Wurzeln wie John F. Kennedy, Ronald Reagan oder Barack Obama. Allerdings gehört Donald Trump nicht dazu. Der stammt von Schotten beziehungsweise Deutschen ab. Und da ist es wieder: das sprichwörtliche Glück der Iren.

ZUM REZEPT >

SO GEHT'S

Irlands Rennwagen

Soda Bread

ERGIBT 1 BROT

10 g weiche Butter
380 g Weizenmehl (Type 550) plus Mehl zum Bestäuben
10 g Steinsalz
6 g Backnatron
390 g Buttermilch

AUSSERDEM

rundes Kuchenblech (Ø ca. 25 cm) oder rundes Pizzablech mit Rand

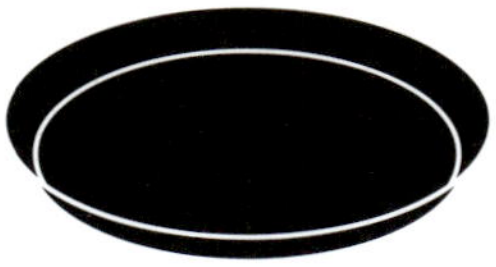

1 Den Backofen auf **200 °C Ober-/Unterhitze** vorheizen. Das Kuchenblech mit der Butter einfetten. **2** Weizenmehl, Salz und Backnatron in einer Schüssel mischen. Die Buttermilch hinzugeben und gründlich vermischen, aber nicht zu lange, sonst geht der Teig nicht schön auf. **3** Den klebrigen Teig auf eine bemehlte Fläche stürzen und mit bemehlten Händen grob zu einer Kugel formen. Etwas flach drücken und auf das vorbereitete Kuchenblech geben. **4** Mit einem scharfen Messer ein tiefes Kreuz in den Teig schneiden und im vorgeheizten Ofen **20 Minuten** backen, dabei nach **15 Minuten** die Temperatur auf **180 °C** senken. **5** Mit einem Holzspieß prüfen, ob das Brot durchgebacken ist: Bleibt kein Teig daran hängen, kann es raus aus dem Ofen. **6** Herausnehmen und auf einem Küchengitter auskühlen lassen. Lauwarm schmeckt das Soda Bread am besten.

TIPP

Wer Lust hat, kann bei diesem Rezept mit den Mehltypen experimentieren, zum Beispiel dem Teig einfach einen Teil Vollkornmehl hinzufügen.

Lebenskünstler auf der grünen Insel

Die Iren sind erstens Kummer gewohnt und zweitens voller Lebenslust. „Auf die eine oder andere Weise ging das Leben an uns vorüber und wir litten an unserem Elend; manchmal hatten wir eine Kartoffel im Mund und manchmal nichts als süße gälische Worte.“ So schreibt Flann O'Brien in „Das Barmen“ (von dem die Iren sagen, James Joyce hätte so geschrieben, wenn er nicht verrückt gewesen wäre). Hungersnöte, der Kampf um die Unabhängigkeit von den Briten, der jahrzehntelange Konflikt an der Grenze zu Nordirland, neuerdings die Sorgen um den Brexit – bei allen Widrigkeiten standen die Iren in dem Ruf, eine gastfreundliche, trinkfeste und sangeslustige Nation zu sein. Und sie haben ihr Schicksal immer zu großer Literatur verarbeitet, denn sie sind Meister des Wortes.

Trinkfest, sangeslustig und große Literaten – die Iren sind wahre Lebenskünstler.

Die letzte große Krise ist gerade mal neun Jahre her. Damals platzte in Irland eine Immobilienblase, das Land stand kurz vorm Staatsbankrott und musste von der EU gerettet werden. Anders als manche Südländer aber waren die Iren in der Analyse ganz ehrlich: „Wir haben es selbst versaut.“ Der wirtschaftliche Höhenflug des „keltischen Tigers“ endete in einer Notlandung. Inzwischen hat Irland sich erholt, bezahlt seine Schulden und die Wirtschaft brummt wieder. Mit Niedrigsteuersätzen lockte Dublin – zum Ärger anderer Europäer – Großkonzerne wie Google, Facebook und Accenture ins Land.

In schlechten Zeiten aber gehen die Iren schon seit jeher ins Exil. In der letzten Welle zogen einmal mehr Hunderttausende gut ausgebildeter junger Leute nach Kanada und Australien. Deshalb kommen auf 4,7 Millionen Bewohner der irischen Insel rund 70 Millionen irischstämmige Menschen weltweit. Der frühere US-Präsident Bill Clinton zum Beispiel gehört dazu und ist Chef-Lobbyist für irische Anliegen. Die Daheimgebliebenen aber sind überzeugte Europäer und haben eine erstaunliche soziale Modernisierung erkämpft. Ihr liebenswertester Zug jedoch ist wohl die Fähigkeit, über sich selbst zu lachen. Unvergessen das Banner, mit dem die irischen Fans bei der Fußball-EM 2012 in den Stadien sich und die deutschen Zahlmeister verspotteten: „Angela Merkel thinks we're at work.“

In schlechten Zeiten aber gehen die Iren seit jeher ins Exil.

FACTS & IMPRESSIONS

Zahlung an die EU

0,10 €
pro Person
und Tag
(siehe Seite 202)

Vertrauen in die EU

54 %

Lebenszufriedenheit

7,4/10

Entwicklung Einwohnerzahl

+0,15 %
pro Jahr

Das Regierungsgebäude in Dublin.

Die Iren gelten gemeinhin als trinkfest und sangeslustig.

Großbritannien

Vereinigtes Königreich Großbritannien und Nordirland

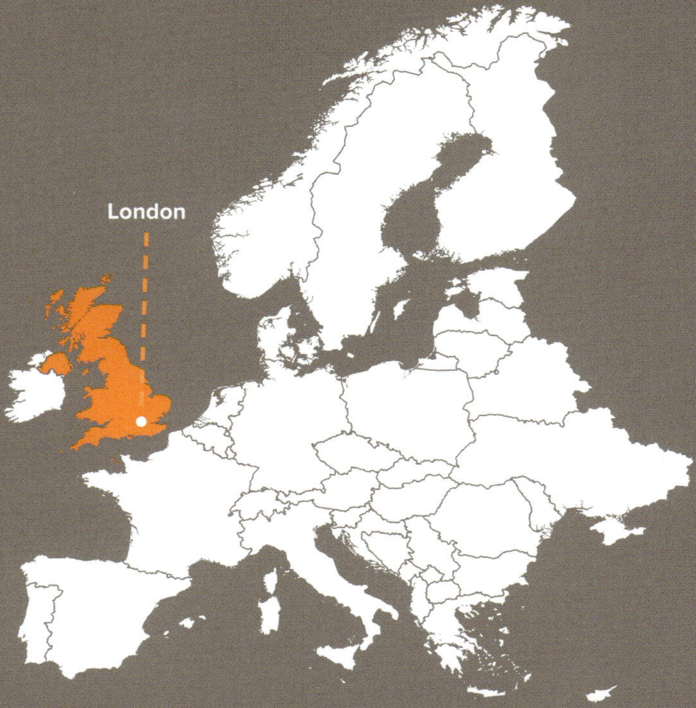

EU-Mitglied
1. Januar 1973–31. Januar 2020

Fläche
248.528 km²

Amtssprache
Englisch

Einwohnerzahl
66.273.576

Stand: 1. Quartal 2019

Großbritannien lebt vom Toast.

Ohne eine Scheibe Toast geht kein Frühstück, wobei der Aufstrich zwischen Marmelade und Marmite schwankt und Geschmackssache ist. Das geröstete Weißbrot gehört zum „Full English Breakfast" mit Bohnen und Speck ebenso wie zum „Full English Brexit". Denn die Austrittspläne Großbritanniens verwandelten reihenweise Politiker in Verlierer – oder „Toast", wie die Briten sagen. Angeführt wird die Liste von Theresa May, gefolgt von all ihren Brexit-Ministern und fehlgeschlagenen Deals.

Vom Toast – den die Briten einst zur Geschmacksverbesserung in den Wein bröselten – ist auch die Rede, wenn man das Glas erhebt, um anzustoßen. Zum Beispiel auf den Scheidungsvertrag mit der EU, dem das britische Parlament lange nicht zustimmen wollte. Was dieser Vertrag jedoch nicht regelt, sind die künftigen Beziehungen. Premierminister Johnson droht gern mit einem No Deal. Dabei weiß er natürlich, dass nur eine umfassende Einigung mit der EU die britische Wirtschaft retten könnte – ebenso wie eine weitere kulinarische Errungenschaft des Königreichs: das Sandwich. Erfunden vom Earl of Sandwich im 18. Jahrhundert, stecken heute zwischen zwei Scheiben Weißbrot fast ausschließlich europäische Importe: Schinken aus Dänemark, Käse aus Irland, Tomaten aus den Niederlanden und Salat aus Spanien. Ohne Austrittsabkommen bliebe nach dem Brexit also nur noch trocken Brot, denn allein das ist „made" in Großbritannien.

ZUM REZEPT >

SO GEHT'S

Großbritanniens Kastenweißbrot

Simple White Loaf

ERGIBT 2 KASTENBROTE

Vorteig (Sponge)

150 g handwarmes Wasser
0,2 g frische Hefe
180 g Weizenmehl (Type 550)

Hauptteig

260 g Weizenmehl (Type 550) plus Mehl zum Bestäuben
160 g Weizenmehl (Type 1050)
220 g handwarmes Wasser
6 g frische Hefe
12 g Steinsalz
30 g Sahne
12 g flüssiges Backmalz oder Zucker
Butter zum Einfetten

AUSSERDEM

2 Kastenformen (ca. 15 × 9 × 7 cm)

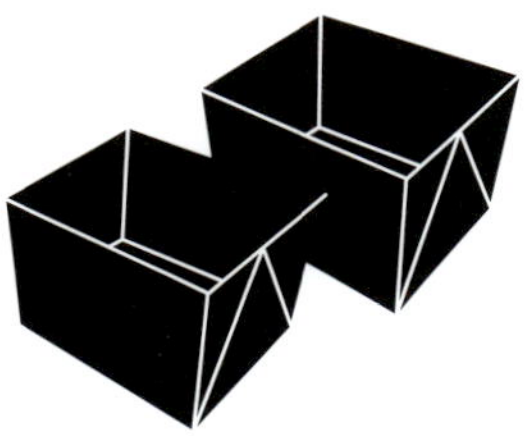

1 Für den Vorteig die Zutaten in einer Schüssel mischen, abdecken und den Sponge bei Raumtemperatur rund **15 Stunden** gehen lassen. **2** Am nächsten Morgen für den Hauptteig beide Mehle, Wasser, Hefe, Salz, Sahne und Backmalz zum Sponge geben, mischen und **10 Minuten** abgedeckt gehen lassen. **3** Zum Falten den Teig rund zehnmal von allen Seiten zur Mitte hin ziehen und abgedeckt **10 Minuten** gehen lassen. Den Faltvorgang noch dreimal wiederholen. Nach dem vierten Falten den Teig umdrehen und in einer Schüssel abgedeckt rund **90 Minuten** auf das doppelte Volumen gehen lassen. **4** Den Teig auf eine leicht bemehlte Fläche stürzen, halbieren und zu Rechtecken flach drücken. Die Rechtecke von den Kurzseiten aufrollen und den Teig durch Schieben und Ziehen spannen. **5** Die Kastenformen einfetten, die Teiglinge hineingeben und abgedeckt auf das doppelte Volumen bis zum Formenrand gehen lassen – das kann bei **22 °C** rund **2 Stunden** dauern. **6** Inzwischen den Backofen auf **230 °C Ober-/Unterhitze** vorheizen und eine Auflaufform hineinstellen. **7** Die Kastenformen in den vorgeheizten Ofen stellen, einen Schuss Wasser in die Auflaufform geben und **30 Minuten** backen, dabei **8 Minuten** vor Ende der Backzeit die Brote aus den Formen stürzen, auf das Ofengitter setzen und zu Ende backen – so bräunen sie gleichmäßig von allen Seiten. **8** Herausnehmen und für einen schönen Glanz sofort mit heißem Wasser bestreichen. Die Simple White Loafs auf einem Küchengitter auskühlen lassen.

Variante: Statt Weizenmehl (Type 550 und Type 1050) kann man den Hauptteig auch mit 420 g Weizenvollkornmehl herstellen. Die Wassermenge muss dann allerdings um 10–20 g erhöht werden.

Abschied von Cool Britannia

Es sind schlechte Zeiten für alle Freunde der Briten. Denn anglophile Deutsche, Franzosen und andere Europäer versuchen zu analysieren, was denn in der Liebesbeziehung zwischen ihnen und dem Vereinigten Königreich schiefgegangen ist. Als Boris Johnson in die Downing Street einzog, schien jedenfalls eine neue Eiszeit auszubrechen. Seitdem stand der Kurs auf harten Brexit und aus London kamen nur noch Forderungen und Ultimaten. All das scheint Lichtjahre entfernt vom Bild der zivilisierten und pragmatischen Briten mit ihrer alten politischen Kultur und erfolgreichen Diplomatie. Dass ausgerechnet der amerikanische Präsident den neuen britischen Premier mit sich verglich, wird von vielen Briten – und noch mehr Europäern – dabei nicht als Kompliment verstanden. Kommentatoren, Historiker und Beobachter raufen sich ob des radikalen Wandels in ihrem früheren Lieblingsland die Haare und hoffen, dass alles noch irgendwie glimpflich ausgeht.

Es sind schlechte Zeiten für Anglophile.

Jedenfalls ist zwei Jahrzehnte, nachdem Tony Blair „Cool Britannia“, Symbol für die kulturelle Vorherrschaft der britischen Insel, erfand, von diesem Image nichts mehr übrig. Inzwischen steht infrage, ob der neue Nationalismus der Briten nicht zur Abspaltung Schottlands und zur Wiedervereinigung mit den Iren führen könnte. Ob die Queen, die schon den Absturz ihres Landes vom Podest der Weltmacht begleitete, auch diesen Zerfall ihres Königreichs noch erleben muss?

Der einzige Bereich übrigens, in dem die Briten lange in der zweiten Reihe standen, war die Gastronomie. Kulinarisch, so schien es, war vom Land des „Full English Breakfast“, der „Baked Beans on Toast“ und des verkochten Kohls nicht viel zu lernen. Das allerdings hat sich in den vergangenen Jahren gründlich geändert. Die erfolgreichsten Kochbücher und Backshows kommen inzwischen aus Großbritannien und Sterneköche praktizieren ihre Kunst sogar in Provinzstädten. Aber was nützt es, wenn die Briten doch künftig einsam und frei auf ihrer Insel leben wollen. Im Rest Europas betrachtet man das Brexit-Chaos längst mit schwerem Herzen – und es bleibt das Gefühl: „Wir vermissen euch!“

Die Zeiten von „Baked Beans on Toast“ und verkochtem Kohl sind längst vorbei.

FACTS & IMPRESSIONS

Zahlung an die EU

0,22 €
pro Person
und Tag
(siehe Seite 202)

Vertrauen in die EU

30 %

Lebenszufriedenheit

7,3/10

Entwicklung Einwohnerzahl

+1,18 %
pro Jahr

Ist das Tuch für immer zerrissen?

Der Klassiker: Fish and Chips.

Griechenland

EU-Mitglied seit
1. Januar 1981

Amtssprache
Griechisch

Fläche
131.957 km²

Einwohnerzahl
10.741.165

Stand: 1. Quartal 2019

Europa steht in der Schuld der Griechen.

Zu diesem Schluss bin ich als EU-Korrespondent nach vielen langen Gipfelnächten und Reisen nach Athen gekommen. Da schenkte zum Beispiel die Geliebte von Göttervater Zeus – Prinzessin Europa – dem Kontinent ihren Namen. Dann sind da die Olympischen Spiele, die Demokratie, ja, sogar das erste Geld auf dem Gebiet der heutigen EU stammt aus Griechenland. Wir haben ihnen quasi alles zu verdanken.

2.500 Jahre später aber waren die griechischen Taschen plötzlich so leer wie eine Pita ohne Füllung. Genau gesagt, ging es um 290 Milliarden Euro und entsprechend habe ich dieses griechische Rezept angepasst: In meinem Teig stecken also 290 ml Wasser. Das wäre ein Milliliter pro Milliarde Euro, die aus der EU seit 2010 nach Athen geflossen sind.

Im Gegenzug wurden die Griechen kalt gepresst wie ihre köstlichen Oliven. Vor allem am Anfang setzte die EU auf Sparmaßnahmen. Das heißt Austerität und ist natürlich auch ein griechisches Wort. Seither ist der Druck gewachsen, die Staatskonzerne platt zu machen und – um beim Bild der Pita zu bleiben – mit der heißen Nadel in den aufgeblähten Staatsapparat zu stechen. Ob das hilft, weiß noch niemand. Wenn nicht, bleiben noch immer ein Glas Retsina und eine Pita mit Schafskäse und Oliven im ewigen Licht der griechischen Sonne.

ZUM REZEPT >

SO GEHT'S

Griechenlands Fladenbrot

Pita

ERGIBT 12 PITA-BROTE

290 g handwarmes Wasser
2 g frische Hefe
2 TL griechischer Honig
9 g griechisches Olivenöl plus Öl zum Einfetten
370 g Weizenmehl (Type 550) plus Mehl zum Bestäuben
90 g Weizenmehl (Type 1050)
8 g enzymaktives Gerstenmalz (alternativ Zucker)
9 g Steinsalz

1 Alle Zutaten in die Schüssel der Küchenmaschine geben, zunächst von Hand durchmischen und kurz kneten. Dann in der Küchenmaschine **8 Minuten** kneten, bis sich der Teig größtenteils vom Schüsselboden löst. **2** Eine Schüssel mit etwas Olivenöl ausstreichen, den Teig hineingeben, abdecken und über Nacht bei Raumtemperatur rund **12 Stunden** gehen lassen. Die lange Gärzeit bringt den guten Geschmack. **3** Teig auf eine bemehlte Arbeitsfläche geben und in zwölf gleich große Stücke (à etwa 65 g) teilen. Jedes Stück behutsam zu einer Kugel formen und **15 Minuten** abgedeckt ruhen lassen. **4** Die Teigkugeln zu flachen, etwa 13 cm großen Kreisen ausrollen, je vier auf einen Bogen Backpapier legen, mit Küchentüchern abdecken und **20 Minuten** ruhen lassen. **5** Inzwischen den Backofen mit einem Backblech auf **250 °C Ober-/Unterhitze** vorheizen. Wichtig: Die Pita-Teiglinge brauchen keinen Dampf, der Ofen sollte schön trocken sein. **6** Die Teiglinge mit dem Backpapier auf das heiße Blech ziehen und im vorgeheizten Ofen **6 Minuten** backen – sie sollten sich kräftig aufblähen, aber nicht zu stark bräunen. **7** Herausnehmen und die Pita-Brote auf Küchengittern abkühlen lassen. Die restlichen Teigkreise auf die gleiche Weise backen. Am besten schmecken die Pita-Brote noch warm, wenn sie ofenfrisch sind.

Inspiriert von der Brotbloggerin Katharina Arrigoni.

Griechenland und die Wiege der Demokratie

Als es vor ein paar Jahren den großen Streit um die Rettung Athens vor dem Bankrott gab, hieß das geflügelte Wort bei den Freunden der Hellenen: „Wir können sie nicht fallen lassen, Griechenland ist doch die Mutter der Demokratie." Auch wenn damals nur Männer Rechte hatten: Die Ideen wurden auf der griechischen Agora geboren. Außerdem ist Griechenland die Wiege der europäischen Kultur. Die Römer bedienten sich bei Gesetzgebung, Staatsordnung und Kunst. Später bedienten sich die Briten bei den griechischen Skulpturen, sodass man heute deren Schönheit am besten im „British Museum" in London bewundert. Jetzt wird gestritten, ob der Parthenon-Fries und andere Werke nicht zurückgegeben werden müssten. Die Briten behaupten, sie hätten alles preiswert gekauft. Die Griechen sprechen von Diebstahl und Raub. Jedenfalls konnten sie sich damals nicht wehren.

... Griechenland ist doch die Mutter der Demokratie.

Später war die Geschichte des Landes wechselvoll und weniger glorreich. Griechenland fiel erst an das Byzantinische Reich und dann an die Osmanen, von deren Herrschaft sich die Griechen erst im frühen 19. Jahrhundert befreien konnten. Seitdem herrscht zwischen ihnen und der Türkei eine innige Feindschaft. Wer griechischen Kaffee – süß und dick eingekocht – etwa türkischen Kaffee nennt, macht sich massiv unbeliebt. Das Problem mit dieser scheckigen Historie ist, dass die Griechen nach dem Ende ihrer großen Kultur quasi immer bettelarm waren. Und so geben auch heute manche ehrlich zu, dass sie nicht mit Geld umgehen können. Der Beitritt zum Euro 2002 bescherte dem Land nämlich plötzlich sprudelnde Finanzquellen, weil jedes Mitglied im Club als kreditwürdig galt. Schon damals wusste man übrigens in Brüssel, dass der griechische Haushalt kreative Buchführung enthielt. Trotzdem sollte das Land dem Euro beitreten, wegen der Wiege der Demokratie und so. In Athen aber entdeckten sie das gute Leben und Olympische Spiele auf Pump. Dann kam die Finanzkrise, das Schuldengebäude krachte zu Boden und die Griechen mussten in Serie gerettet werden. Inzwischen ist das Schlimmste aber überstanden, Touristen sorgen für Einnahmen, der griechische Salat für die Gastronomie und der Retsina für den Kater am Tag danach. Es geht wieder aufwärts im Land der Griechen – und durch ganz Europa klingt ein Seufzer der Erleichterung.

In Athen aber entdeckten sie das gute Leben ...

FACTS & IMPRESSIONS

Zuschuss von der EU

0,95 €
pro Person
und Tag
(siehe Seite 202)

Vertrauen in die EU

27 %

Lebenszufriedenheit

6,2/10

Entwicklung Einwohnerzahl

–0,25 %
pro Jahr

Parthenon auf der Akropolis in Athen.

Olympiastadion in Athen.

Portugal

EU-Mitglied seit
1. Januar 1986

Amtssprache
Portugiesisch

Fläche
92.212 km²

Einwohnerzahl
10.291.027

Stand: 1. Quartal 2019

Manche sind ehrwürdiger als andere.

So ist Portugal ältester unter den Staaten Europas, denn seit dem 12. Jahrhundert haben sich die Landesgrenzen kaum verändert. Doch von Stillstand kann bei den Portugiesen heute keine Rede sein. Die Wirtschaft wächst wie ein Hefeteig und das EU-Rettungspaket, mit dem nach der Finanzkrise die Staatspleite abgewendet werden musste, ist inzwischen Vergangenheit.

Aber wie haben die Portugiesen das bloß geschafft? Ihr Geheimrezept heißt kreativer Wandel – und der hat im Land Tradition. Das Pâo de milho ist der kulinarische Beweis.

Was für den Erfolg der Portugiesen heute Hightech und Technologiezentren sind, das war für ihre Vorfahren der Import eines Getreides, das Christoph Kolumbus vor über 500 Jahren aus Südamerika mitbrachte. Der Mais verbesserte schlagartig die Ernährung der portugiesischen Armen und am liebsten wurde er zu Brot verarbeitet.

Heute sind es besonders Touristen, die auf Portugal und sein Maisbrot fliegen. Und so sehr sich die Portugiesen über den heimischen Aufschwung freuen, so sehr hoffen sie, dass er solide und bodenständig bleiben möge wie ihr Maisbrot. Eine Luftnummer ist das Pâo de milho jedenfalls nicht.

ZUM REZEPT >

SO GEHT'S

Portugals Maisbrot

Pâo de milho

ERGIBT 1 BROT

190 g Minuten-Polenta-Maisgrieß plus etwas zum Bestreuen
10 g Steinsalz
310 g kochend heißes Wasser
6 g Trockenhefe
3 g Zucker
245 g handwarmes Wasser
1 Prise Safran (optional)
440 g Weizenmehl (Type 550)
Olivenöl zum Einfetten

AUSSERDEM

Gärkörbchen (rund, Ø 26 cm)
Brotschieber

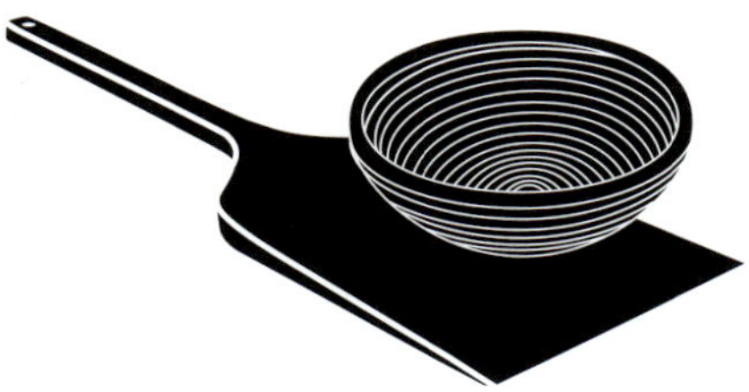

1 Minuten-Polenta-Maisgrieß und Salz in eine Schüssel geben, das kochende Wasser darübergießen und mischen. **2** Trockenhefe, Zucker und 80 g handwarmes Wasser in der Schüssel der Küchenmaschine mischen. Wer die gelbe Farbe des Brotes verstärken möchte, kann nun auch den Safran zufügen. **3** Nach **10 Minuten** die Polenta-Maisgrießmasse zur Hefemischung geben – die Hefe muss dann stark aufgegangen sein. Weizenmehl sowie das restliche handwarme Wasser hinzufügen und **8 Minuten** in der Küchenmaschine kneten, bis sich der Teig vom Boden löst. In eine mit Öl ausgestrichene Schüssel geben und bei Raumtemperatur rund **60 Minuten** auf das doppelte Teigvolumen gehen lassen. **4** Dem Teig einen kurzen Hieb versetzen und nochmals durchkneten. Jetzt folgt das sogenannte Rundwirken: Von allen Seiten zur Mitte hin falten und dann den Teig mit der Naht nach unten umdrehen. Mit beiden Händen auf einer nicht bemehlten Fläche zu sich ziehen, bis die Teigoberfläche schön gespannt ist. Mit der Naht nach oben in ein Gärkörbchen legen und erneut auf das doppelte Volumen gehen lassen. **5** Inzwischen den Backofen auf **240 °C Ober-/Unterhitze** vorheizen. **6** Auf den Brotschieber etwas Polenta-Maisgrieß streuen und den Teigling daraufstürzen. Mit einem scharfen Messer einschneiden, in den vorgeheizten Ofen schieben und rund **40 Minuten** backen, dabei nach **20 Minuten** die Hitze auf **200 °C** reduzieren und die letzten **10 Minuten** den Ofen viermal kurz lüften – so wird die Kruste schön kross. **7** Herausnehmen und das Pâo de milho auf einem Küchengitter auskühlen lassen.

TIPP

Wer kein Gärkörbchen hat, nimmt am besten eine Schüssel und legt ein stark bemehltes Küchentuch hinein. Dann den Teig zugeben.

Portugal und die Melancholie

Lissabon steht längst auf der Liste der hippen Städte Europas, gleichzeitig schön und gerade noch erschwinglich für Urlauber und Zweitwohnungsbesitzer. Sobald aber Airbnb in einer Stadt überhandnimmt, gehört sie zur globalen touristischen Elite und alle beginnen, die Nachteile zu beklagen. Die Bewohner ziehen weg, die eigene Kultur stirbt ab, das Leben wird zu teuer und zu laut. Man muss also Glück haben, um in der Altstadt Lissabons in einer der kleinen Kneipen noch auf echten Fado zu treffen, den melancholischen Gesang der Portugiesen, in dem sie ihren Liebes- und Weltschmerz verarbeiten. Wenn die Hausfrau aus der Nachbarschaft und der Bäcker von gegenüber um die Gunst des kundigen Publikums wetteifern, dann ist das roh und echt.

Ob der Fado ursprünglich aus den Armenvierteln Lissabons kam oder aus Brasilien stammt, wo die frühen portugiesischen Seefahrer ihr kleines Heimatland zur Kolonialmacht machten, ist unbekannt. In jedem Fall

... scheint die Melancholie ein eingeborener portugiesischer Wesenszug.

spricht der Fado-Gesang direkt zur Seele. Denkt man dann an den berühmtesten Schriftsteller Portugals, scheint die Melancholie ein eingeborener portugiesischer Wesenszug. Fernando Pessoa schrieb vor allem über das Gefühl der Nichtzugehörigkeit zu dieser Welt. Aber das ist natürlich nur eine Seite des

Ein Land, das der Welt den Stockfisch – getrockneten Kabeljau – und den Portwein geschenkt hat.

Landes, das der Welt ansonsten den Stockfisch – getrockneten Kabeljau – und den Portwein geschenkt hat, den die Briten früher so liebten. Inzwischen versammeln sich Surfer aus aller Welt an den portugiesischen Atlantikstränden, wo sich die Brecher höher auftürmen als anderswo. Eine kluge Regierung hat dafür gesorgt, dass Portugal die Finanzkrise überwand, ohne in die Armut früherer Zeiten zurückzufallen. War das Land früher verschlossen und rückwärts gewandt, so ist es heute europäisch und auf dem Weg in die Moderne. Der Fado aber steht unter Denkmalschutz – die UNESCO nahm ihn in die Liste des immateriellen Weltkulturerbes auf. Und wenn es nicht mehr das soziale Elend ist, so kann die verpasste Liebe immer noch für Melancholie sorgen. Sie ist schließlich ewig, in Portugal und anderswo.

FACTS & IMPRESSIONS

Zuschuss von der EU

0,65 €
pro Person
und Tag
(siehe Seite 202)

Vertrauen in die EU

57 %

Lebenszufriedenheit

6,2/10

Entwicklung Einwohnerzahl

–0,18 %
pro Jahr

Der Stockfisch gehört seit über 500 Jahren zur portugiesischen Küche.

Die traurigste Musik der Welt: Fado.

Spanien

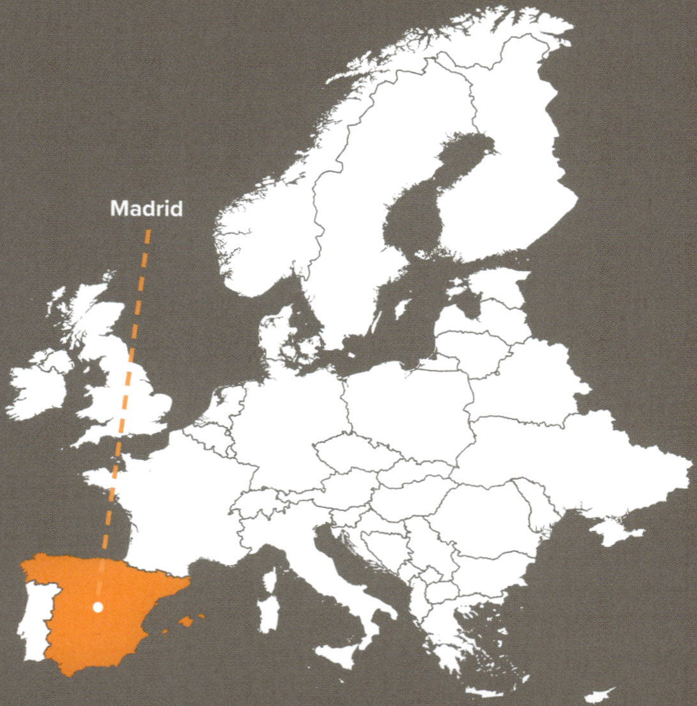

EU-Mitglied seit
1. Januar 1986

Fläche
505.970 km²

Amtssprache
Spanisch

Einwohnerzahl
46.658.447

Stand: 1. Quartal 2019

Das Pan de picos ist ein Brot, das es förmlich zerreißt.

So wie sein Heimatland Spanien streben die Teile an allen Ecken und Enden auseinander. Lange Zeit war der Separatismus im Baskenland am stärksten. Dann holte Katalonien mit großem politischen Drama und emotionalen Demonstrationen deutlich auf. Aber auch in Galicien, Andalusien, auf den Balearen und den Kanaren hat es schon solche Ideen gegeben.

Einen Teil der Schuld tragen ausgerechnet die, für die das Pan de picos einst kreiert wurde. Das Brot aus der Familie der sogenannten Pan candeal war nämlich Adligen und Königen vorbehalten, die wie später Diktator Franco mit aller Macht den Zentralismus von Madrid aus vorantrieben. Da das Weißbrot viel Mehl und sehr wenig Wasser enthält, wird es wie einst die spanischen Regionen kräftig geknetet, gedrückt und durchgewalkt.

Heute ist das feste Weizenbrot natürlich nicht mehr den Reichen vorbehalten. Übrigens sind es meistens die reichen Regionen in Europa, die sich nach eigenen Landesgrenzen sehnen. In Spanien gehört das weitgehend autonome Katalonien, der Wirtschaftsmotor Spaniens, in diese Kategorie. Als souveräner Staat müsste die Region ihr Brot nicht mehr mit dem Rest des Landes teilen.

ZUM REZEPT >

SO GEHT'S

Spaniens Stangenweißbrot

Pan de picos

ERGIBT 3 STANGENBROTE

Vorteig (Biga*)
70 g Weizenmehl (Type 550)
35 g handwarmes Wasser
1 g frische Hefe

Autolyseteig
290 g Weizenmehl (Type 550)
150 g handwarmes Wasser

Hauptteig
80 g handwarmes Wasser
5 g frische Hefe
200 g Weizenmehl (Type 550)
10 g Steinsalz

AUSSERDEM
Brotschieber

1 Am Tag vorher für die Biga Weizenmehl, Wasser und Hefe in einer Schüssel kräftig mit der Hand durchkneten und in einem Einmachglas rund **14 Stunden** bei Raumtemperatur gehen lassen. Wölbt sich der Teig nach oben, ist er fertig und riecht fruchtig. **2** Am nächsten Tag für den Autolyseteig Weizenmehl und Wasser in der Schüssel der Küchenmaschine mischen und **30 Minuten** abgedeckt ruhen lassen. **3** Für den Hauptteig alle Zutaten zum Autolyseteig geben, Biga hinzufügen und den Teig **5 Minuten** in der Küchenmaschine kneten – alternativ von Hand **10 Minuten** kneten. **5 Minuten** ruhen lassen und dann mit einem Nudelholz zu einem länglichen Rechteck ausrollen. **4** Das Rechteck in drei Schritten zusammenfalten und dabei leicht mit Wasser besprühen. Abdecken und **5 Minuten** ruhen lassen.

Weiter auf der nächsten Seite >

Spaniens Stangenweißbrot

Pan de picos

5 Diesen Schritt dreimal wiederholen, bis ein glatter, geschmeidiger Teig entstanden ist. Den Teig jetzt ein letztes Mal zusammenfalten und in drei gleich große Stücke (à 280 g) teilen. **6** Jedes Stück ausrollen und jeweils zu einer dichten, rund 25 cm langen Rolle formen. Mit einem Küchentuch abdecken und **15 Minuten** ruhen lassen. **7** Die Teiglinge jetzt mit den Händen auf eine Länge von rund 30 cm ausrollen und mit einer Rasierklinge oder einem scharfen Messer von beiden Seiten tiefe Längsschnitte setzen, sodass Rauten entstehen. **8** Teiglinge auf den mit Backpapier belegten Brotschieber geben und mit einem Küchentuch abgedeckt **60 Minuten** gehen lassen, bis sich die Schnitte deutlich geöffnet haben. **9** Inzwischen den Backofen mit Backblech auf **200 °C Ober-/Unterhitze** vorheizen und eine Auflaufform hineinstellen. **10** Die Teiglinge mit Wasser bestreichen, dabei darauf achten, dass kein Wasser in die Schnitte läuft. Mit dem Backpapier auf das heiße Backblech schieben, einen ordentlichen Schuss Wasser in die Auflaufform geben und insgesamt **30 Minuten** backen, dabei nach **10 Minuten** die Temperatur auf **190 °C** reduzieren und den Dampf durch Öffnen der Ofentür entweichen lassen. **11** Aus dem Ofen nehmen, die heißen Panes de picos sofort mit heißem Wasser bestreichen und auf einem Küchengitter auskühlen lassen.

* **Biga**

Dieser Vorteig wird mit besonders wenig Hefe angesetzt. Er wird bei vielen Brotrezepten und oft für italienische Backwaren wie Ciabatta-Brot oder -Brötchen sowie für Pizzaböden verwendet.

Europas Sonnenland

In den neuen sommerlichen Hitzewellen beneidet man die Spanier überhaupt nicht mehr um die Sonnenrekorde von 280 Tagen im Jahr. Wenn das Thermometer 40 °C überschreitet, bleiben nur noch ein Platz im Schatten und reichlich kühle Getränke. Dabei hatte Spanien aus dem schönen Wetter einen Riesenerfolg gemacht: Millionen Touristen und regenflüchtige Rentner bevölkern seit Jahrzehnten Spaniens Küsten. Außerdem versorgt das Land halb Europa mit Obst und Gemüse, alles unter Plastikfolien angebaut und ökologisch leider nicht mehr korrekt. Aber die Mischung aus Geschäftssinn, Folklore und Historie, Columbus und Flamenco lief jahrelang sehr gut. Und die EU half kräftig bei der Modernisierung: Seit dem Beitritt Spaniens 1986 baute das Land die besten Autobahnen, Schnellzüge, Flughäfen – eine Infrastruktur, die sich sehen lassen kann. Dass hier und da mal eine Brücke ins Nichts führt und ein Flughafen keine Passagiere hat, kann in der Eile schon mal passieren.

... die Mischung aus Geschäftssinn, Folklore und Historie, Columbus und Flamenco lief jahrelang sehr gut.

Aber dann kam die Finanzkrise und Spaniens Immobilienblase platzte. Korrupte Politiker hatten sie gemeinsam mit skrupellosen Investoren aufgepustet und sie brachte das Land an den Rand des Staatsbankrotts. Spanien bekam von der EU ein Rettungsprogramm verpasst, die Arbeitslosigkeit erfasste ein Viertel der Bevölkerung, die Jugend wanderte ins europäische Ausland ab. Zehn Jahre später ist die tiefe Krise überwunden, Arbeitskräfte strömen zurück und Spanien nimmt wieder Fahrt auf. Aber es gibt immer noch ein paar Probleme: Katalanen, die sich abspalten wollen, oder Franco-Anhänger, die den Diktator nicht im Dunkel der Geschichte versinken lassen wollen. Abgesehen davon ist Spanien heute ein modernes Land, weit weg von der Düsternis der Inquisition und eines bedrückenden Katholizismus. Andererseits sind die Menschen sehr traditionsbewusst: Beim Tomatina-Fest zum Beispiel bewerfen sie sich mit rund 150 Tonnen Tomaten, bei der Batalla del Vino gießen sie sich gegenseitig den Rioja über die Köpfe. Nur über den Stierkampf wird seit Jahrzehnten gestritten. Ist er nun schützenswerte Tradition oder Tierquälerei? Kein Regierungschef konnte es bisher wagen, das blutige Schauspiel ganz abzuschaffen. Und so ist Spanien immer noch zerrissen zwischen seiner Vergangenheit und der Moderne.

... Spanien ist heute ein modernes Land ...

FACTS & IMPRESSIONS

Zahlung an die EU

0,04 €
pro Person
und Tag
(siehe Seite 202)

Vertrauen in die EU

42 %

Lebenszufriedenheit

6,2/10

Entwicklung Einwohnerzahl

+0,31 %
pro Jahr

Flamenco.

Das Tomatina-Fest.

Finnland

EU-Mitglied seit
1. Januar 1995

Fläche
338.448 km²

Amtssprachen
Finnisch, Schwedisch

Einwohnerzahl
5.513.130

Stand: 1. Quartal 2019

Das Leben im hohen Norden Europas ist kein Zuckerschlecken.

Die Finnen leben in Kälte und Dunkelheit und wurden vielleicht deshalb ein ziemlich schweigsames Volk. So hart aber wie das Leben, so süß ist das Ruisreikäleipä, das heimische schwarze Brot, das seinen Geschmack beim Kauen immer weiter entfaltet.

Finnland ist eines der wohlhabendsten Länder der EU. Anders als bei den norwegischen Nachbarn aber gibt es keine Rohstoffe, sondern eine besonders gut ausgebildete Bevölkerung schafft den Wohlstand. Allerdings hapert es irgendwie mit der Liebe und dem Nachwuchs. Immer weniger Bürger müssen also die Zutaten für das finnische Brot erarbeiten.

Was die Finnen retten könnte, ist ihr Erfindungsreichtum. Die Löcher in ihrem Brot zum Beispiel dienen dazu, es zum Trocknen unter der Zimmerdecke aufzuhängen. Und um diese Löcher auszustanzen, greifen die Finnen zum Schnapsglas, was sie auch sonst ganz gern tun. Jedenfalls halten die höchsten Alkoholsteuern in Europa sie nicht davon ab, mal einen über den Durst zu trinken. Gegen den Kater am Tag danach hilft dann ein Stück Brot, gern mit einem schönen salzigen Hering belegt.

ZUM REZEPT >

SO GEHT'S

Finnlands Roggenbrot

Ruisreikäleipä

ERGIBT 4 BROTE

Sauerteig

330 g handwarmes Wasser
330 g Roggenmehl (Type 1150)
35 g Roggensauerteig (Anstellgut, siehe Seite 12)

Brühstück

125 g feines Roggenbackschrot (Type 1800)
100 g mittelgrobes Roggenbackschrot (Type 1800)
210 g kochendes Wasser

Hauptteig

230 g handwarmes Wasser
220 g Roggenvollkornmehl
200 g Weizenvollkornmehl plus Mehl zum Verarbeiten
15 g frische Hefe
20 g flüssiges Gerstenmalz (alternativ Zuckerrübensirup)
21 g Steinsalz

AUSSERDEM

Stipproller (alternativ eine Gabel verwenden)

1 Am Vortag für den Sauerteig die Zutaten mischen und abgedeckt über Nacht **16 Stunden** ruhen lassen. **2** Für das Brühstück beide Schrotsorten mischen, das kochende Wasser darübergießen und ebenfalls abgedeckt über Nacht **16 Stunden** ruhen lassen. **3** Für den Hauptteig alle Zutaten in die Schüssel der Küchenmaschine geben, Sauerteig und Brühstück hinzufügen, alles zu einem glatten, feuchten Teig vermengen. In der Küchenmaschine **8 Minuten** kneten. Abgedeckt **45 Minuten** gehen lassen. **4** Den Teig zu vier gleich großen Kugeln (à etwa 445 g) formen, dann zu 20 cm großen, etwa 2 cm dicken Fladen ausrollen und mit 2 cm Abstand auf Backpapier setzen – je nach Backblech können die Brote auch kleiner und dafür dicker gemacht werden. Ein Schnapsglas in Mehl tunken und einen kleinen Kreis aus der Mitte der Fladen ausstechen. Abdecken und mindestens **60 Minuten** gehen lassen – am besten bei rund **30 °C** –, bis sich das Teigvolumen deutlich vergrößert hat und sich kleine Risse gebildet haben. **5** Inzwischen den Backofen mit einem Backblech auf **250 °C Ober-/Unterhitze** vorheizen und eine Auflaufform hineinstellen. **6** Mit dem Stipproller Löcher in die Teiglinge stechen, mithilfe des Backpapiers auf das heiße Blech im vorgeheizten Ofen ziehen und einen Schuss Wasser in die Auflaufform geben. Mit ordentlich Dampf **10 Minuten** backen, dann die Ofentür einmal öffnen, um den Dampf abzulassen, die Temperatur auf **190 °C** reduzieren und weitere **15–20 Minuten** backen. **7** Herausnehmen, die heißen Ruisreikäleipä mit kochendem Wasser kurz bestreichen und auf einem Küchengitter etwas abkühlen lassen. Dann in ein Küchentuch einschlagen.

Schweigsame und glückliche Finnen

Dieses Land ist voller Superlative. Finnland hat die meisten Seen, höchsten Bäume und eines der besten Bildungssysteme der Welt. Seit Jahren führen die intellektuellen Nordlichter die sogenannte Pisa-Studie über die Qualität der Schulen an. „Was machen die Finnen richtig, was bei uns nicht klappt?", fragen da Deutsche, Briten oder Franzosen. Es ist recht einfach: Die Lehrer werden gut bezahlt, sie fördern das Lesen und eine recht egalitäre Gesellschaft bedeutet, dass jeder Schüler eine Chance bekommt. Aber damit nicht genug: Ausgerechnet in diesem kleinen, nordöstlichsten Land der EU leben die glücklichsten Menschen, wie der jüngste „World Happiness"-Bericht zeigt. Dicht

… in diesem kleinen, nordöstlichsten Land der EU leben die glücklichsten Menschen …

gefolgt übrigens von Dänemark, Norwegen und Island. Das Glück scheint eher im hohen Norden zu wohnen als im sonnigen Süden. Und vermutlich wollte die EU Finnland 1995 deshalb dringend aufnehmen, um von seinem guten Beispiel zu lernen. Wobei die Finnen mit ihren Erfolgen immer bescheiden umgehen, denn Angeben liegt nicht in ihrer Natur.

Ein im Land beliebter Witz geht so: Wenn ein introvertierter Finne mit dir spricht, starrt er auf seine Schuhe. Ein extrovertierter Finne starrt auf deine Schuhe. Die Frauen wiederum klagen durchaus über die Schweigsamkeit ihrer Männer.

Ein extrovertierter Finne starrt auf deine Schuhe.

Denn die umgehen einen Ehestreit, das Türenschlagen oder Tellerwerfen am liebsten mit einer Ski-Langlauftour im Wald. Nach Stunden in der winterlichen Kälte haben sich die Gemüter in der Regel abgekühlt.

Bei aller Vorbildlichkeit sind die Finnen auch noch enorm kreativ. Architektur und Design, Autorenkino, Heavy Metal oder Hardcore-Punk: Hier leben eigenwillige und manchmal skurrile Leute. Und das, obwohl – oder vielleicht weil – es hier im Winter monatelang stockdunkel ist. Daher rührt auch das bekannte Klischee vom Finnen, der sich im Kampf gegen die ewige Finsternis ständig volllaufen lässt. Tatsache ist, dass die Finnen im Schnitt nicht mehr Alkohol als andere Einwohner der Europäischen Union trinken. Was wohl zum einen den hohen Preisen geschuldet ist, zum anderen aber kulturell bedingt ist. Unter der Woche kommt meist gar kein Wein oder Bier auf den Tisch, dafür wird am Wochenende umso tiefer ins Glas geschaut. Das zeigt, dass man im hohen Norden auch ohne Alkohol glücklich sein kann. Oder man im Zweifelsfall bereit ist, den Preis für seine kleine Flucht aus dem Alltag zu zahlen.

FACTS & IMPRESSIONS

Zahlung an die EU

0,14 €
pro Person
und Tag
(siehe Seite 202)

Vertrauen in die EU

53 %

Lebenszufriedenheit

8/10

Entwicklung Einwohnerzahl

+1,81 %
pro Jahr

Nationalsportart Ski-Langlauf.

Blick über die Hauptstadt Helsinki.

Österreich

EU-Mitglied seit
1. Januar 1995

Fläche
83.858 km²

Amtssprache
Deutsch

Einwohnerzahl
8.822.267

Stand: 1. Quartal 2019

Kaiserbrötchen sind wie der sogenannte Wiener Schmäh.

Österreichs Humor ist im Kern fein, hat außen aber eine ordentliche Kruste. Man darf es also krachen lassen wie der frühere FPÖ-Parteichef Heinz-Christian Strache auf Ibiza. Wobei der Rechtspopulist übertrieben und am Ende alles versemmelt hat, sodass Kanzler Sebastian Kurz (siehe unten) allein und abgewatscht auf dem Ballhausplatz stand.

Um jüngster Regierungschef Europas zu werden, hatte Kurz nämlich die Technik des Semmelknotens eingesetzt. Er zog die „Freiheitlichen“ wie die Teigenden von rechts außen durch den Knoten gerade in die Mitte. Erdrücken durch Umarmen war dabei seine Strategie. Aber die Rechten trieb es immer wieder zurück zum braunen Rand und immer weiter weg von Europa. Das Ibiza-Video machte dem Plan ein Ende.

Nur Österreichs Bäcker geben stets Grund zur Hoffnung: Große europäische Ideen wie das Baguette oder das Croissant nämlich sollen der Überlieferung nach gar nicht aus Paris, sondern eigentlich aus Wien stammen.

ZUM REZEPT >

SO GEHT'S

TIPP

Wichtig: Die Semmeln, die geknotet werden, dürfen nicht in Stärke und Roggenmehl gewälzt werden, sonst kann man sie nicht ausrollen!

Österreichs Kaiserbrötchen

Kaisersemmel

ERGIBT 9 SEMMELN

500 g Weizenmehl
(Type 550) plus
Mehl zum Bestäuben
270 g kaltes Wasser
15 g enzymaktives Backmalz
15 g frische Hefe
12 g Steinsalz
20 g weiche Butter
20 g Roggenmehl (Type 1150)
20 g Kartoffelstärke

AUSSERDEM

evtl. Semmeldrücker

1 In einer großen Schüssel 200 g Weizenmehl mit 130 g Wasser mischen und 30 Minuten stehen lassen. **2** Dann restliches Wasser und restliches Mehl mit Backmalz und Hefe zugeben und den Teig so lange kneten, bis er elastisch ist und nicht mehr klebt. In einer Küchenmaschine auf niedriger Stufe dauert das **7 Minuten** – der Teig muss sich vom Schüsselboden lösen. Erst ganz zum Ende des Knetens Salz und Butter hinzufügen. **3** Den Teig in neun Portionen teilen und rundwirken, das heißt, mit Druck und kreisenden Bewegungen Teigkugeln formen und auf einer nur leicht bemehlten Fläche etwa **30 Minuten** ruhen oder rasten lassen, wie man in Österreich sagt. Das Teigvolumen sollte sich dabei verdoppeln. **4** Jetzt bekommen die Semmeln ihre charakteristische Form. Dazu gibt es drei Techniken.

Technik A
Der Klassiker: Die Semmeln werden geschlagen.

A 1 Roggenmehl und Kartoffelstärke mischen, die Teigkugel leicht darin wälzen und flach drücken. **A 2** Den Daumen der linken Hand etwa bis zur Mitte legen und die Teighälfte darüberschlagen (siehe Seite 105). Jetzt dem Teig neben dem Daumen einen Karateschlag verpassen und das freie Teigstück nach unten falten. **A 3** Diesen Schritt noch dreimal wiederholen, sodass eine runde Semmel entsteht (siehe Seite 105). **A 4** Am Schluss den Daumen herausziehen, das Faltendstück in diese Lücke stecken und unten zusammenzwicken (siehe Seite 105). Auf die gleiche Weise die restlichen Teigkugeln verarbeiten. – In Österreich sagt man, ein Lehrling beherrscht das Semmelschlagen ab 1.000 Stück! Einfacher ist es mit unserer Video-Anleitung „So geht's", siehe linke Seite.

Weiter auf der nächsten Seite >

Österreichs Kaiserbrötchen

Kaisersemmel

Technik B

Einfach, aber kunstvoll: Die Semmeln werden geknotet.

B 1 Die Teigkugeln zu fingerdicken Strängen von etwa 30 cm Länge ausrollen (nicht in der Mehl-Stärke-Mischung wälzen), zu lockeren Knoten formen und die beiden Enden jeweils noch mal durch die Mitte ziehen, sodass ein Zipfel auf der anderen Seite durchschaut. **B 2** Am Schluss die Teiglinge leicht andrücken.

Technik C

Der Semmeldrücker: Jetzt wird abgestempelt.

C 1 Wer einen Semmeldrücker besitzt, kann jetzt in die Massenproduktion gehen: Die Teigkugeln in der Mehl-Stärke-Mischung wälzen und den Semmeldrücker dann fast bis zur Unterlage in die Teiglinge drücken.

5 Welche Variante auch gewählt wird: Teiglinge immer mit der geformten Seite nach unten bei Raumtemperatur auf einem bemehlten Küchentuch **50 Minuten** ruhen lassen. **6** Den Backofen auf **230 °C Ober-/Unterhitze** vorheizen und eine Auflaufform hineinstellen. **7** Ein Backblech mit Backpapier auslegen und die Semmeln mit der geformten Seite nach oben daraufsetzen. Kräftig mit Wasser besprühen und in den vorgeheizten Ofen schieben. Dann einen Schuss Wasser in die heiße Auflaufform geben und den Semmeln ordentlich Dampf machen – so gehen sie schön auf. **8** **15–20 Minuten** backen, dabei nach **4 Minuten** die Temperatur auf **180 °C** senken und nach **10 Minuten** die Ofentür einmal öffnen und kräftig lüften. **9** Aus dem Ofen nehmen und erneut kräftig mit Wasser absprühen. Die Semmeln auf einem Küchengitter auskühlen lassen.

A2

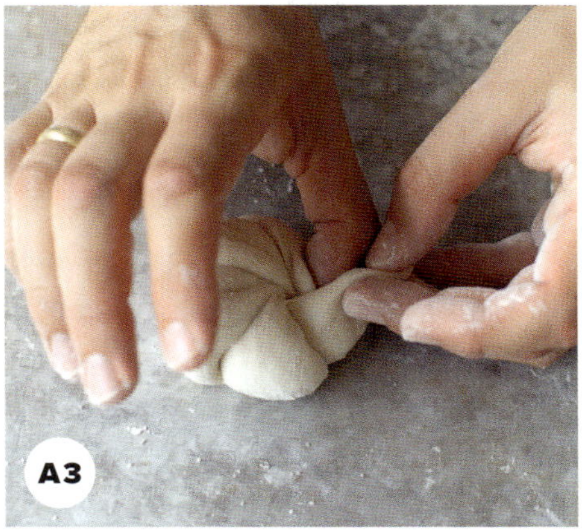
A3

A4

B1

B2

C1

Grenzüberschreitung im Kaffeehaus

Ein Hipster aus Berlin bestellt in einem Wiener Kaffeehaus einen Latte macchiato. Darauf wird er vom Kellner mit den Worten „Und scho gemma wieda!“ zur Tür komplimentiert. Ehrlich wahr. Dem Phänomen Österreich kann man sich auf vielen Wegen nähern. Aus Deutschland über die A 8, aus Italien über die Brennerautobahn, aus Ungarn über die M 1. Oder direkt durch den Besuch im Kaffeehaus. Auf den Autobahnen landet der Mensch im Stau und im Kaffeehaus auf der schwarzen Liste, wenn er den politisch korrekten Begriff für die Melange nicht kennt.

Auf den Autobahnen landet der Mensch im Stau und im Kaffeehaus auf der schwarzen Liste, wenn er den politisch korrekten Begriff für die Melange nicht kennt.

Andererseits macht der Österreicher sich locker, wenn auf Ibiza die freie Presse an eine angebliche Oligarchen-Nichte verscherbelt werden soll. Thomas Bernhard, ein großer Schimpfer vor dem Herrn, beschrieb sein Land einst so: „Wenn man die Gemeinheit der Bewohner mit der Schönheit der Landschaft verrechnet, kommt man auf Selbstmord.“ Und dass die Rechtsradikalen trotz des Ibiza-Skandals nicht weg vom Fenster sind, erklärt ein anderes Bonmot, das auch dem Schriftsteller zugeschrieben wird: „Die Mentalität der Österreicher ist wie ein Punschkrapfen: außen rot, innen braun und immer ein bisschen besoffen.“

In Sachen EU ist Österreich ein Spätzünder, denn der Beitritt kam erst 1995. Dabei

In Sachen EU ist Österreich ein Spätzünder …

könnte man die K.-u.-k.-Monarchie eigentlich als Vorform der Europäischen Union betrachten und Wien hielt sich schon immer für den Nabel Europas. Grund aber war das Misstrauen der Sowjetunion. Die diktierte 1955 – aus historisch gutem Grund – ein „Anschlussverbot“ in den Staatsvertrag, das Österreich verpflichtete, „keine wie immer geartete politische oder wirtschaftliche Vereinigung mit Deutschland“ einzugehen. Die aber sei in der Europäischen Gemeinschaft (wie die EU damals noch hieß) ja, bitte schön, gegeben, argumentierte Moskau jahrzehntelang. Als dann aber immer mehr Sowjetsatelliten ihre Vereinigung mit der UdSSR aufkündigten und der Ostblock zerbrach, traten die Österreicher flugs dem europäischen Staatenverbund bei. Zwei Drittel der Bürger stimmten damals dafür – und es fielen die Grenzen zu den alten Nachbarn. Allerdings nur die an der A 8, am Brenner und an der M 1. Im Kaffeehaus fallen sie unter kulturelle Eigenarten. Und die sind in der EU auf jeden Fall geschützt.

FACTS & IMPRESSIONS

Zahlung an die EU

0,29 €
pro Person
und Tag
(siehe Seite 202)

Vertrauen in die EU

43 %

Lebenszufriedenheit

7,8/10

Entwicklung Einwohnerzahl

+0,55 %
pro Jahr

Die Wiener Hofburg.

Wiener Melange.

Schweden

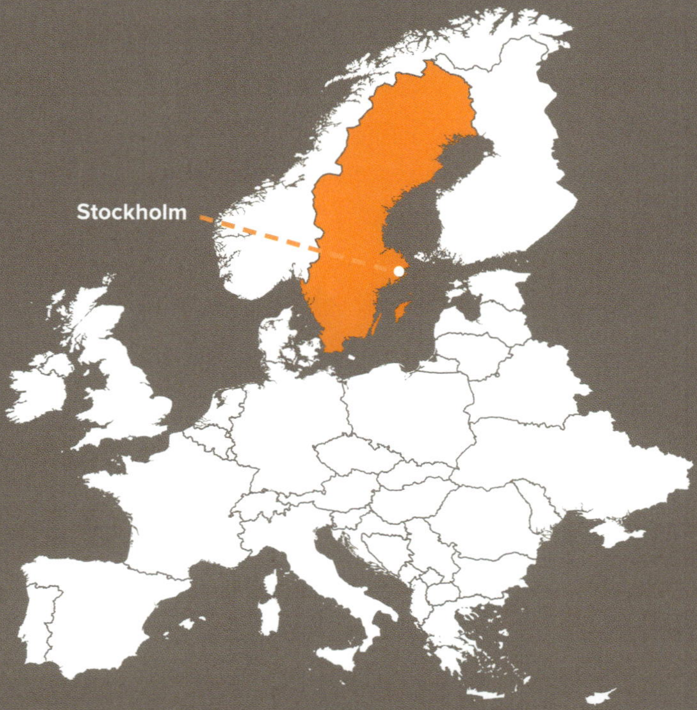

EU-Mitglied seit
1. Januar 1995

Amtssprache
Schwedisch

Fläche
447.435 km²

Einwohnerzahl
10.120.242

Stand: 1. Quartal 2019

Dieses EU-Land hat Biss, denn schwedisches Brot ist so hart wie der Winter oder schwedischer Stahl.

Und schwedisches Brot ist dünn. So hauchdünn wie die Mehrheit in Schweden beim EU-Referendum 1994. Der Vorsprung betrug nur 5 % und ein paar Zerquetschte.

Der Teig für das Knäckebrot muss übrigens zäh sein. So wie Greta Thunberg, die schwedische Vorkämpferin für das Klima. Oder die unnachgiebige Cecilia Malmström. Als EU-Handelskommissarin drohte die Schwedin im Streit mit den USA über Autozölle nämlich mit harten Gegenmaßnahmen. Stärke zeigte Schweden auch in der Flüchtlingskrise. Im Verhältnis zur Bevölkerung hat kein anderes EU-Land mehr Migranten aufgenommen. Die meisten kamen aus dem Nahen Osten, der auch die Heimat von Kreuz- und Schwarzkümmel oder Sesam ist, den traditionellen Knäckebrotgewürzen.

Andererseits boten die Flüchtlinge rechtsextremen Parteien ideologisches Futter. Bei den letzten Wahlen bekam das Land also eins mit der Kruskavel über, dem geriffelten Nudelholz. Ein herbes Erwachen für viele Liberale. Dennoch holt man mit EU-feindlichen Parolen ein Vierteljahrhundert nach dem Beitritt keinen Schweden mehr hinterm Ofen vor. Niemand im Land redet ernsthaft über einen Swexit.

ZUM REZEPT >

SO GEHT'S

Inspiriert vom schwedischen Hobbybäcker Martin Johansson.

Schwedens Knäckebrot

Knäckebröd

ERGIBT 4 GROSSE KNÄCKEBROTE

100 g Roggensauerteig (Anstellgut, siehe Seite 12)
200 g handwarmes Wasser
250 g Roggenmehl (Type 1050 oder mehr)
175 g Weizenmehl (Type 550) plus Mehl zum Bestäuben
20 g Honig
8 g Steinsalz
1 EL Sepia-Tinte zum Färben (optional)
Gewürze zum Bestreuen (z. B. Za'tar; alternativ Sesam- und Kümmelsamen)
grobes Meersalz zum Bestreuen

AUSSERDEM

Einweghandschuhe
Kruskavel (schwedisches geriffeltes Nudelholz; alternativ eine Gabel verwenden)
Teigrädchen

1 Roggensauerteig, Wasser, beide Mehle, Honig und Salz in einer Schüssel zunächst gründlich mischen und dann kräftig durchkneten. Abdecken und den Teig bei Raumtemperatur über Nacht **10–12 Stunden** auf das doppelte Volumen gehen lassen. **2** Den Backofen mit einem Backblech auf **200 °C Ober-/Unterhitze** vorheizen. **3** Die Arbeitsfläche mit Weizenmehl bestreuen, den Teig daraufgeben und halbieren. Die Einweghandschuhe anziehen und in eine Teighälfte die Sepia-Tinte einarbeiten. **4** Die Teighälften nochmals teilen und die Stücke zu dünnen Kreisen ausrollen, dabei etwas Mehl verwenden und Teig, der kleben bleibt, mit einem Teigschaber lösen. Dann mit der Kruskavel über die Teigkreise rollen oder diese mit einer Gabel einstechen. **5** Je zwei Teigkreise auf je einen Backpapierbogen setzen, mit Wasser besprühen und mit Gewürzen und Meersalz bestreuen. Zum Schluss mit einem Teigrädchen in Häppchen vorschneiden. **6** Ein Backpapier mit Teigkreisen auf das heiße Backblech im vorgeheizten Ofen ziehen und **10 Minuten** backen. Danach die nächsten Teigkreise in den Ofen ziehen und backen, bis alle Knäckebrote fertig sind. **7** Die Knäckebrote auf Küchengittern vollständig auskühlen lassen.

Variante: Wer seine Plätzchenausstecher nutzen möchte, kann den Teig auch wie einen Plätzchenteig ausstechen. Danach wie beschrieben auf Backpapier geben, besprühen, würzen und backen.

TIPP

Für den Extraknack die Brote kühl und trocken lagern. Sie halten sich ewig.

Der Traum vom perfekten Leben

Eigentlich lieben wir alle Schweden. Was vielleicht auch daran liegt, dass jeder zehnte Europäer in einem IKEA-Bett gezeugt wurde, wie der „New Yorker“ mal errechnet hat. Vielleicht verführt uns auch die Vorbildlichkeit der Schweden. Folkhemmet, das „Volksheim“, hieß der Wohlfahrtsstaat, der bei Kinderbetreuung, Frauengleichheit und Arbeitsbedingungen einfach Weltspitze war. Schwierig wurde es dann, als zwar alle Schweden rundum versorgt waren, der Spitzensteuersatz aber auf mehr als 100 % geklettert war. Ausgerechnet die Kinderbuchautorin Astrid Lindgren, Mutter der eigenwilligen Heldin Pippi Langstrumpf, konnte die Schweden zum Kampf gegen ein verrückt gewordenes Steuerregime aufstacheln. Mit dieser Seite der sonst so perfekt wirkenden Gesellschaft haben die anderen Europäer natürlich nichts zu tun.

Viele lieben die schwedische Idylle so sehr, dass sie ihren Urlaub in einer Blockhütte am See verbringen, mit unsicheren Wetteraussichten

Urlaub in der Blockhütte in Gesellschaft einiger Moskitos – hier ist Schweden spitze.

und in Gesellschaft von vier Milliarden Stechmücken pro Kopf. Die Einheimischen erwidern die Zuneigung dagegen nur bedingt, denn kaum mehr als jeder zweite Schwede sprach sich 1995 für den Beitritt zur EU aus. Wobei die

Der Europäer liebt Schweden mehr, als der Schwede die EU liebt.

Zustimmung seitdem gewachsen ist. Gleichzeitig sinkt die berühmte schwedische Liberalität bei der Migration. Das Land hatte im Verhältnis mehr Flüchtlinge aufgenommen als irgendjemand sonst in Europa. Aber fast unbemerkt wuchs bei der Bevölkerung der Unmut über schlecht integrierte Migranten am Rand schwedischer Großstädte. Im Schatten dieser Stimmung stieg aus der Neonazi-Szene eine Rechtspartei auf, die bei der letzten Wahl plötzlich die Sozialdemokraten vom ersten Platz zu vertreiben drohte. Die Begegnung mit der Realität war ein Schock. Manche Schweden räumen heute ein, dass sie allzu geübt darin sind, Unerfreuliches unter den Teppich zu kehren. Kontroverse Diskussion gilt hier eher als unhöflich, wo doch alles auf Ausgleich und Harmonie ausgerichtet ist. Und so hat das glänzende Bild von den vorbildlichen Schweden ein paar Flecken bekommen. Was aber nichts daran ändert, dass fast alle anderen Europäer weiter begeistert und ein bisschen neidisch auf das gute Leben bei den Nordlichtern blicken.

FACTS & IMPRESSIONS

Zahlung an die EU

0,38 €
pro Person
und Tag
(siehe Seite 202)

Vertrauen in die EU

51 %

Lebenszufriedenheit

7,9/10

Entwicklung Einwohnerzahl

+1,23 %
pro Jahr

Der schwedische Exportschlager.

Weite und endlose Seen – das macht Schweden als Urlaubsregion so beliebt.

Estland

EU-Mitglied seit
1. Mai 2004

Fläche
45.339 km^2

Amtssprache
Estnisch

Einwohnerzahl
1.319.133

Stand: 1. Quartal 2019

Wenn einer in der EU ein Brot digital backen könnte, dann wären das die Esten.

Ihr Schwarzbrot ist so dunkel wie das Darknet und ihre Firewalls sind so heiß wie die besten Steinbacköfen, denn „E-Estonia" ist Europas digitaler Spitzenreiter. Im Land des E-Governments arbeitet die Regierung papierlos, schon Erstklässler lernen Programmieren und es wird online gewählt.

Gebacken wird aber weiter analog, denn das saftige Roggenbrot „Must leib" ist den Esten heilig. Ich habe mir dabei die Freiheit genommen, ihm einen Hashtag einzuritzen. Die schöne Farbe kommt von einem kräftigen Schuss Sirup und ordentlich viel Malz.

Am besten wächst in Estland seit jeher der Roggen, der war schon im Mittelalter ein Exportschlager. Doch Herr über ihr Getreide waren die Esten nur selten, denn das kleine baltische Land wurde über Jahrhunderte zur Beute von Dänen, Deutschen, Schweden und Russen. Ausgerechnet aus Russland kam auch der letzte große Cyberangriff, der 2007 Estland praktisch lahmlegte. Seitdem hat die Regierung massiv in die Sicherheit ihrer IT-Systeme investiert. Wer also auf Phishing aus ist – das illegale „Angeln" persönlicher Daten im Netz –, der hält sich besser an echte Ostseeheringe. Die essen die Esten am liebsten mit Zwiebeln auf einer dicken Scheibe Schwarzbrot.

ZUM REZEPT >

SO GEHT'S

Estlands Roggenbrot

Must leib

ERGIBT 2 BROTE

Sauerteig
240 g Roggenvollkornmehl
240 g handwarmes Wasser
30 g Roggensauerteig (Anstellgut, siehe Seite 12)

Vorteig
360 g Roggenvollkornmehl
390 g heißes Wasser (80 °C)
12 g Steinsalz

Vorteigzusatz
60 g Kürbiskerne
80 g Sonnenblumenkerne
150 g kochend heißes Wasser
10 g Steinsalz

Hauptteig
260 g Weizenvollkornmehl
15 g frische Hefe
3 TL Röstmalz (alternativ Zucker)
4 EL Zuckerrübensirup
3 TL Kümmelsamen
15 g Butter
3 g Kartoffelstärke

AUSSERDEM
2 Kastenformen (22 × 11 × 6 cm; alternativ eine große Kastenform)

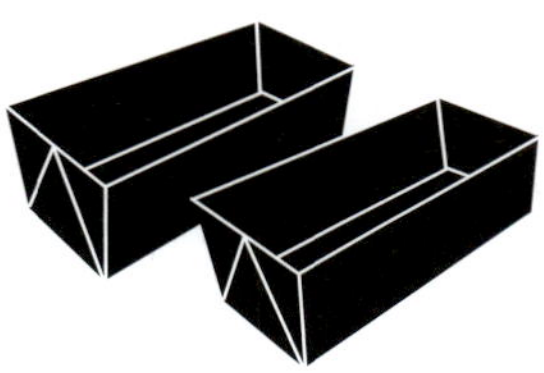

1 Für den Sauerteig Roggenvollkornmehl, Wasser und Anstellgut in einer Schüssel mischen, abdecken und **17 Stunden** zu einem schönen Sauerteig reifen lassen. **2** Parallel dazu für den Vorteig Roggenvollkornmehl mit heißem Wasser und Salz mischen und abgedeckt **17 Stunden** ruhen lassen. **3** Ebenfalls parallel dazu für den Vorteigzusatz Kürbis- und Sonnenblumenkerne mit kochend heißem Wasser übergießen oder noch besser kurz aufkochen lassen. Das Salz hinzugeben und ebenfalls **17 Stunden** durchziehen lassen.

Weiter auf der nächsten Seite >

Estlands Roggenbrot

Must leib

4 Für den Hauptteig Sauerteig, Vorteig und Vorteigzusatz in eine große Schüssel geben. Weizenvollkornmehl, Hefe, Röstmalz, Zuckerrübensirup und Kümmel hinzufügen und mit dem Knethaken des Handrührgeräts rund **8 Minuten** gründlich mischen. In der Schüssel abgedeckt **30 Minuten** gehen lassen. **5** Die Kastenformen mit der Butter einfetten und den Teig mit einem Gummischaber hineingeben. Mit etwas Wasser benetzen, glatt streichen und eventuell ein Muster einarbeiten. Dann abgedeckt **70–80 Minuten** gehen lassen. **6** Inzwischen den Backofen auf **250 °C Ober-/Unterhitze** vorheizen und eine Auflaufform hineinstellen. **7** Die Teiglinge in den Formen mit Wasser bestreichen, in den heißen Ofen geben und sofort ein Glas Wasser in die heiße Auflaufform gießen. Die Ofentemperatur auf **230 °C** reduzieren und rund **60 Minuten** backen, dabei nach **10 Minuten** die Backofentür einmal öffnen, um den Dampf abzulassen. Nach weiteren **10 Minuten** die Temperatur auf **190 °C** reduzieren. **8** In der Zwischenzeit die sogenannte Glanzstreiche anmischen. Dazu die Kartoffelstärke mit 200 g kaltem Wasser anrühren und kurz aufkochen lassen. **9** Die Brote aus den Formen heben, mit der

Glanzstreiche einpinseln und auf einem Küchengitter abkühlen lassen. Am besten **1 Tag** warten, bevor das Must leib angeschnitten wird.

Total digital und sehr musikalisch

Warum haben die Esten eigentlich keine Angst davor, dass die Regierung ihre Daten missbraucht? „Bei uns haben die Bürger Vertrauen in ihren Staat", erklärte die junge Präsidentin Kersti Kaljulaid einer skeptischen Besuchergruppe aus Deutschland. Sie hat wie alle anderen Bürger eine ID-Nummer, mit der sie alle Dienste der Verwaltung in Anspruch nehmen und sogar digital wählen kann. In dem dünn besiedelten Land ist das ein Vorteil, wenn es mal wieder in Strömen schüttet und der kalte Nordostwind den Weg zur Wahlkabine beschwerlich macht. Gemeinsam mit seinen baltischen Nachbarn gehört Estland – zwischen Ostsee und finnischem Meerbusen gelegen – zu den digitalen Vorreitern Europas. Nach dem Abzug der russischen Besatzer musste man in Tallinn

In Estland vertrauen die Bürger dem Staat mit ihren Daten.

bei null anfangen. Und weil bei nur 1,3 Millionen Einwohnern der Aufbau einer regelrechten Verwaltung viel zu teuer schien, wurde man gleich total digital. Heute ist der Onlinehandel ein florierender Wirtschaftszweig und Startups aus ganz Europa finden hier Arbeitskräfte, die schon in der Schule das Programmieren gelernt haben. Außerdem kann man inzwischen sogar als Nichteste digitaler Bürger werden, ein Unternehmen gründen und ein Bankkonto eröffnen. „Welcome business, not bodies", heißt der einprägsame Slogan.

Die virtuelle Welt wird von einer großen Liebe zur Musik begleitet. Während der russischen Herrschaft hatte das Singen sogar eine politische Dimension, denn alle Volkslieder waren verboten, die estnisches Nationalgefühl

Die Liebe zur Musik half den Esten beim Weg in die Freiheit.

ansprachen. Sie wurden natürlich trotzdem gesungen und spielten ihre Rolle bei der Befreiung der Landes. Deshalb sprechen die Esten heute auch von der „singenden Revolution". Schon seit dem 19. Jahrhundert wird übrigens alle fünf Jahre in Tallinn das estnische Liederfest abgehalten, das größte Treffen von Amateurchören in Europa. Und im Ostseeort Pärnu ist ein Musikfestival entstanden, das heute Gäste aus ganz Europa anzieht.

Unabhängig von der Saison singen in der Hauptstadt Tallinn vor allem heftig alkoholisierte Finnen. Sie kommen mit der Fähre aus Helsinki und genießen das Paradies der billigen Alkoholpreise in vollen Zügen. Die Esten nehmen die regelmäßige Invasion in ihre hübsche Altstadt gelassen. Und garantiert denkt einer von ihnen schon darüber nach, ob man das Geschäft mit den durstigen Nachbarn nicht irgendwie digitalisieren könnte.

FACTS & IMPRESSIONS

Zuschuss von der EU

0,98 €
pro Person
und Tag
(siehe Seite 202)

Vertrauen in die EU

53 %

Lebenszufriedenheit

6,5/10

Entwicklung Einwohnerzahl

+0,37 %
pro Jahr

Liederfest in Tallinn.

Altstadt von Tallinn.

Lettland

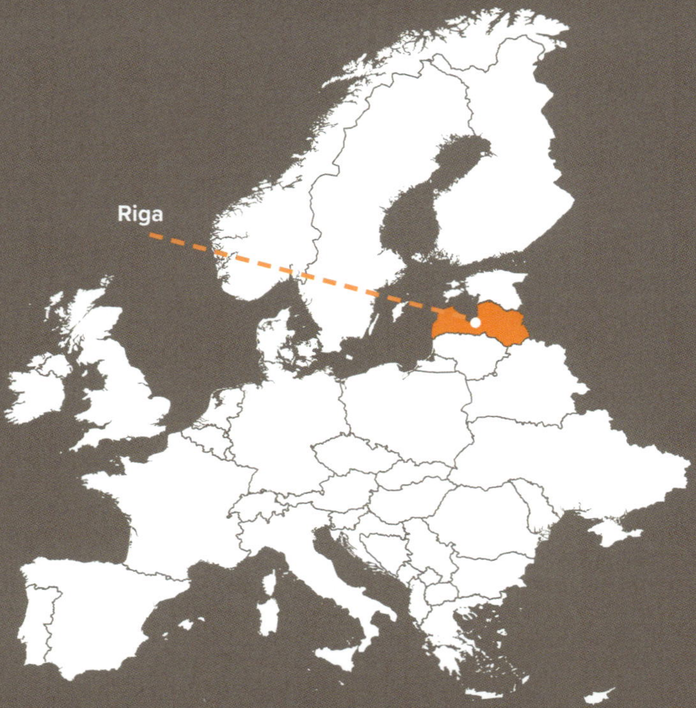

EU-Mitglied seit
1. Mai 2004

Fläche
64.589 km²

Amtssprache
Lettisch

Einwohnerzahl
1.934.379

Stand: 1. Quartal 2019

Wie bei den baltischen Nachbarn spielt auch in Lettland die Geschichte eine Rolle dabei, was auf den Teller kommt.

Im Laufe der Jahrhunderte brachten hier viele ihre Zutaten mit, die sich etwa im würzigen Kümmelschwarzbrot der Letten vereinen.

Nach einem EU-Gipfel in Riga schlenderte ich über den Zentralmarkt, einen der größten in ganz Europa. An einem Stand bestellte ich mir eine kalte Rote-Bete-Suppe, ein Relikt russischer Besatzungszeit, und aß dazu zwei Scheiben köstliches Rupjmaize.

Was auf dem Teller harmoniert, gestaltet sich in der Politik schwieriger. Lettlands Verhältnis zu Russland ist von tiefem Misstrauen geprägt und das Zusammenleben mit der großen russischsprachigen Minderheit voller Spannungen. Die Letten fürchten um den Zusammenhalt ihrer Gesellschaft so, wie sie keine Risse in ihrem Brot wollen.

Ein Rupjmaize muss nämlich glatt sein und so schön rund wie ein hölzerner Schneeschuh, an dem noch etwas Eis glänzt. Brot ist in Lettland heilig und das Backen ist für die Letten ein Ritual, bei dem der Laib mit rituellen Zeichen aus der lettischen Mythologie gesegnet wird. Eine Volksweisheit sagt: Wer noch auf einem Stück Brot kaut, darf nicht durch eine Tür gehen, denn mit ihm würde auch der Segen des Brotes das Haus verlassen.

ZUM REZEPT >

SO GEHT'S

Inspiriert von Hobbybäcker Stanley Ginsberg, der Backen auch von seiner Großmutter gelernt hat

Lettlands Roggenbrot

Rupjmaize

ERGIBT 1 GROSSES BROT

Vorteig 1, morgens
140 g Roggenvollkornmehl
140 g Wasser (40 °C)
20 g Roggensauerteig (Anstellgut, siehe Seite 12)

Vorteig 2, morgens
70 g Roggenmalzflocken, grob zerstoßen
300 g heißes Wasser (80 °C)

Vorteig 3, abends
300 g Roggenvollkornmehl
100 g handwarmes Wasser

Hauptteig, Tag 2, morgens
300 g Weizenmehl (Type 550) plus Mehl zum Bestäuben
260 g Roggenvollkornmehl
180 g Wasser (40 °C)
1 g frische Hefe
22 g Steinsalz
45 g Zuckerrübensirup
8 g Kümmelsamen
3 g Kartoffelstärke

AUSSERDEM
Gärkörbchen (40 cm × 15 cm)
Brotschieber

1 Am Morgen für die Vorteige 1 und 2 die Zutaten jeweils mischen, abdecken und bei Raumtemperatur rund **12 Stunden** reifen lassen. **2** Für den Vorteig 3 am Abend Roggenvollkornmehl, Wasser, Vorteige 1 und 2 mischen und erneut **12 Stunden** gehen lassen. **3** Am nächsten Morgen für den Hauptteig beide Mehle, Wasser, Hefe, Salz, Sirup und Kümmel zum Vorteig 3 geben, mischen und **5 Minuten** per Hand kneten. Abdecken und **45 Minuten** gehen lassen. **4** Den Teig auf eine bemehlte Arbeitsfläche stürzen. 40 g abnehmen, in eine Schale geben, 35 g Wasser zugießen und beiseitestellen. **5** Das Gärkörbchen mit einem Küchentuch auslegen, den Teig hineingeben, abdecken und bei rund **30 °C 60 Minuten** gehen lassen, bis sich das Teigvolumen verdoppelt hat. **6** Den Backofen auf **250 °C Ober-/Unterhitze** vorheizen. **7** Den Teigling auf Backpapier stürzen. Den Inhalt der beiseitegestellten Schale zu einer Paste anrühren und den Teig bestreichen. Mit feuchten Händen glätten und je drei Querstriche an den Längsseiten und zwei an den Endstücken in den Laib drücken. Mit einem Holzspieß drei Löcher in die Mitte stechen. **8** Mit dem Brotschieber samt Backpapier in den vorgeheizten Ofen schieben und rund **40 Minuten** backen, dabei nach **10 Minuten** die Hitze auf **190 °C** reduzieren. **9** Für die Glanzstreiche die Stärke mit 200 g Wasser verrühren, einmal aufkochen und abkühlen lassen. **10** Die Rupjmaize aus dem Ofen nehmen, noch heiß mit der Glanzstreiche bepinseln und auf einem Küchengitter abkühlen lassen.

TIPP

Teiglinge, die bei 30–35 °C gehen sollen, einfach in den Backofen stellen und die Backofenlampe einschalten. Damit lässt sich diese Temperatur gut erreichen.

Die große Ruhe im Nordosten

Hier ist es ein bisschen wie in Kanada, nur viel kleiner. Lettland hat deutlich mehr Wald als Einwohner und man kann es stundenlang durchstreifen, ohne eine Menschenseele zu treffen. Dafür kommen Rehe, Füchse, Elche, Luchse und manchmal sogar ein vereinzelter Wolf vorbei. Die Hälfte aller Letten lebt in der Hauptstadt Riga, die berühmt für ihre Jugendstil-Architektur ist. Aber nicht deshalb strömen Tausende britischer Junggesellenpartys mit Billigfliegern ins Land. Es sind die niedrigen Bierpreise, die den trinkfesten Briten den preiswertesten 3-Tage-Vollrausch ihres Lebens bescheren. Der Umstieg von der sowjetischen Planwirtschaft in die Selbstständigkeit brachte ein paar harte und arme Jahre. Da war jede Einnahmequelle recht. Inzwischen ist der Wandel längst vollzogen, die Wirtschaft floriert und aus Russland wurde ein Handelspartner. Politisch aber orientieren sich die Letten nach Westen: Sie stehen für die Integration in Europa und traten 2014 dem Euro bei. Der Abzug der Russen aber hatte einen großen Sprung nach vorn gebracht: So ist Lettland unter den Top 10 bei erneuerbaren Energien, ein digitaler Champion und die Hälfte der Führungspositionen ist mit Frauen besetzt.

Fragt man die Letten nach ihren Hobbys, wird häufig Lesen als liebste Beschäftigung genannt. Denn das Wort spielt in der lettischen Kultur eine große Rolle. Es gibt ungefähr 1,2 Millionen Dainas, volkstümliche Vier- bis Sechszeiler, in denen seit Generationen Wis-

... Lesen als liebste Beschäftigung ...

sen und Erfahrung der Letten in gesungener Form weitergegeben wird. Als die neue Nationalbibliothek 2014 in Riga eröffnet wurde, zeigte sich die Liebe zur Literatur in tatkräftiger Selbsthilfe: Eine Menschenkette reichte die Bücher von der alten Bibliothek in die neue weiter. Trotz der guten Entwicklung aber laufen Lettland die jungen Leute weg. Sie finden langweilig, was für ruhesuchende Touristen ein Balsam ist. Lettland wäre in 50 Jahren leer, hielte dieser Schwund an. Aktuelle Zahlen zeigen allerdings, dass sich der Exodus verlangsamt. Außerdem kann man vielleicht auf Rückkehrer setzen, die nach ein paar Jahren in der

... der lettische Werbeslogan „Best enjoyed slowly“ ist eigentlich ein perfektes Motto für unsere Zeit.

Hektik und schlechten Luft europäischer Großstädte die reine Weite der Heimat vermissen. Denn der lettische Werbeslogan „Best enjoyed slowly“ ist eigentlich ein perfektes Motto für unsere Zeit.

FACTS & IMPRESSIONS

Zuschuss von der EU

0,75 €
pro Person
und Tag
(siehe Seite 202)

Vertrauen in die EU

49 %

Lebenszufriedenheit

6,5/10

Entwicklung Einwohnerzahl

+0,82 %
pro Jahr

Weit und menschenleer – die Westküste.

Unter den Top 10 im Bereich erneuerbarer Energien.

Litauen

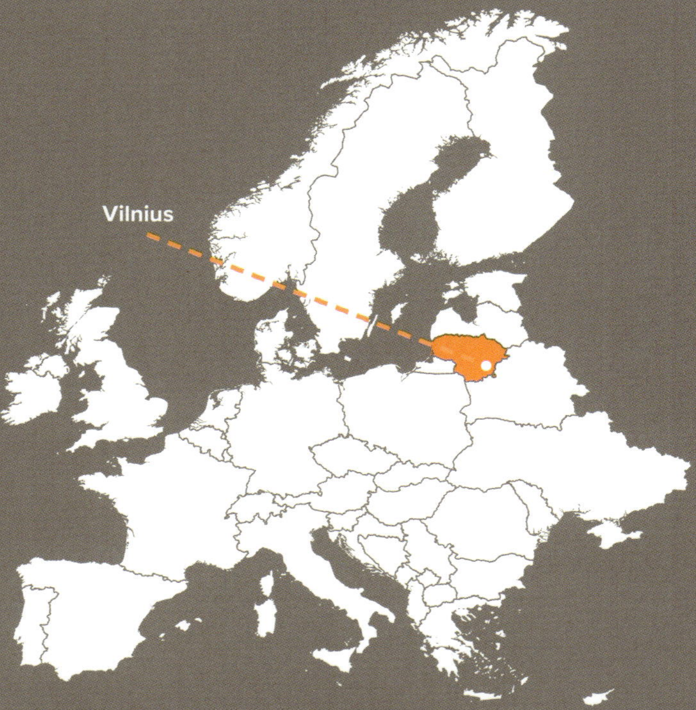

EU-Mitglied seit
1. Mai 2004

Fläche
65.300 km²

Amtssprache
Litauisch

Einwohnerzahl
2.808.901

Stand: 1. Quartal 2019

Litauen ist so alt wie die Gerste.

Die Pflanze aus der Familie der Süßgräser ist nach dem Roggen das wichtigste Getreide. Das Korn ist besonders widerstandsfähig und wie der kleine baltische Staat reich an Geschichte und nach Jahren russischer Herrschaft an historischem und anderem Ballast. Die Gerste kam einst aus dem Nahen Osten zu uns und ist neben Wasser, Hopfen und Hefe bis heute ein Grundbestandteil von Bier. Aber Gerstengrütze als Speise der einfachen Leute oder Gerstenbrötchen haben sich nur im Osten Europas gehalten.

Wobei der Begriff „Osten" in der EU mit Vorsicht zu behandeln ist, denn mit der Himmelsrichtung ist es wie mit dem Horizont: Je näher man ihm kommt, desto weiter rückt er in die Ferne. Aus litauischer Sicht sind Osteuropäer nämlich Russen oder Ukrainer, sie selbst fühlen sich eher dem Westen zugehörig. Außerdem ist Litauen der Mittelpunkt Europas, wie französische Geografen einmal ausgerechnet haben. Die Wissenschaftler drückten dem Kontinent Europa wie einem litauischen Gerstenbrötchen nämlich ein Fadenkreuz auf – von Gibraltar bis zum Ural und vom Nordkap bis nach Kreta. Natürlich gibt es auch andere Methoden, den Mittelpunkt zu bestimmen. Deshalb beanspruchen auch die Slowakei, Estland, Deutschland oder Ungarn den Titel für sich. Dass aber in all diesen Ländern wie in Litauen der Gerstensaft das Nationalgetränk ist, muss reiner Zufall sein.

ZUM REZEPT >

SO GEHT'S

Litauens Gerstenbrötchen

Miežinis ragaišis

ERGIBT 9 BRÖTCHEN

Vorteig
135 g Gerstenvollkornmehl
145 g handwarmes Wasser
0,2 g frische Hefe

Autolyseteig
250 g Weizenmehl (Type 550)
200 g Buttermilch

Hauptteig
70 g gekochte Kartoffel, abgekühlt
50 g Buttermilch
115 g Gerstenvollkornmehl plus Mehl zum Bestäuben
7 g frische Hefe
8 g Steinsalz
15 g Gerstenmalzextrakt (alternativ Zucker)
15 g Butter
Pflanzenöl zum Einfetten
2–3 EL Gerstenflocken

1 Für den Vorteig alle Zutaten vermischen, abdecken und über Nacht **10–12 Stunden** bei Raumtemperatur gehen lassen. **2** **30 Minuten** vor der Zubereitung des Hauptteigs für den Autolyseteig Weizenmehl und Buttermilch vermischen. **3** Für den Hauptteig die gekochte Kartoffel mit der Buttermilch pürieren und mit Gerstenmehl, Hefe, Salz und Gerstenmalzextrakt in die Schüssel der Küchenmaschine geben. Vorteig und Autolyseteig hinzufügen, mischen und in der Küchenmaschine **7 Minuten** kneten, bis sich der Teig vollständig vom Schüsselboden löst. Dann die Butter zugeben und weitere **2 Minuten** kneten. **4** Den Teig in eine leicht geölte Schüssel geben, luftdicht abdecken und bei Raumtemperatur ruhen lassen, bis sich das Teigvolumen verdoppelt hat. **5** Dann den Teig kurz durchkneten und in neun gleich große Stücke (à 106 g) teilen. Zu Kugeln formen und mit einem Kochlöffelstiel je ein Kreuz eindrücken. Das Kreuz mit Wasser besprühen und die Teiglinge in die Gerstenflocken drücken. Mit dem Abdruck nach unten in einem bemehlten Küchentuch **45 Minuten** bei rund **24 °C** gehen lassen. **6** Inzwischen den Backofen mit einem Backblech auf **230 °C Ober-/Unterhitze** vorheizen und eine Auflaufform hineingeben. **7** Die Teiglinge auf das heiße Blech setzen, einen Schuss Wasser in die Auflaufform geben und rund **10 Minuten** backen. Die Hitze auf **200 °C** reduzieren und weitere **10 Minuten** backen. **8** Aus dem Ofen nehmen, die noch heißen Miežinis ragaišis mit Wasser besprühen und auf einem Küchengitter auskühlen lassen.

Freiheit für die Künste

Jeder Mensch hat das Recht, unglücklich zu sein. Und er hat das Recht, zu verstehen oder auch gar nichts zu verstehen. Auch darf er sich um seinen Hund kümmern, bis er oder der Hund stirbt. Diese und andere wunderbar absurde Rechte gelten in der dadaistischen Republik Uzupis, die vor 20 Jahren in einem Bezirk der litauischen Hauptstadt Vilnius ausgerufen wurde. Eine Handvoll Kreativer und

Eine Handvoll Kreativer und Künstler begeht dort am 1. April jedes Jahres sogar eine Art Nationalfeiertag.

Künstler begeht dort am 1. April jedes Jahres sogar eine Art Nationalfeiertag. Die Dada-Exklave ist nicht nur ein schönes Beispiel für den litauischen Freiheitsdrang, sondern zeigt auch die besondere Rolle der Kunst in Litauen. Dafür steht auch der „Europapark“ am Rande der Hauptstadt, der nicht mit Riesenrad und Zuckerwatte um Besucher wirbt, sondern über 100 Skulpturen von namhaften Künstlern aus aller Welt zeigt. Und dass nach dem Ende der sowjetischen Besatzung die Altstadt von Vilnius, ein Juwel des nördlichen Barock, innerhalb kürzester Zeit vorbildlich renoviert wurde, galt als Ehrensache.

In der bleiernen Zeit unter russischer Herrschaft hatten es die Künste nämlich schwer. Verboten war nicht nur litauische Volksmusik als Zeichen gefährlichen Nationalgefühls, sondern auch jede Art von moderner oder kritischer Kunst. Heute holen die Litauer verlorene Zeit nach und zeigen im neu eröffneten „Modern Art Museum“, einem beeindruckenden Bau von Stararchitekt Daniel Libeskind, vor allem Werke, die wie die Samisdat-Literatur früher nur in Privatwohnungen oder Ateliers zu sehen waren. 2019 gewann ein litauisches Künstlerkollektiv den Goldenen Löwen der Biennale in Venedig, ein Beweis für die internationale Geltung der litauischen Szene.

Die Litauer richten sowieso ihren Blick in die Weite. Man treibt Handel nach beiden Seiten, mit Russland wie mit Deutschland, und hat Erfolg mit einem diversifizierten Wirtschaftsmodell und digitalen Dienstleistungen. Mit dem Herzen aber sind die Litauer Europäer. Zwei Drittel von ihnen vertrauen der EU – ein

Wozu brauchen sie also ein Recht, unglücklich zu sein?

Spitzenwert unter den Mitgliedsländern. Wozu brauchen sie also ein Recht, unglücklich zu sein? Vielleicht für den Liebeskummer oder andere alltägliche Probleme, die dem Menschen auch in Litauen den einen oder anderen dunklen Winterabend vermiesen können.

FACTS & IMPRESSIONS

Zuschuss von der EU

1,23 €
pro Person
und Tag
(siehe Seite 202)

Vertrauen in die EU

66 %

Lebenszufriedenheit

6,7/10

Entwicklung Einwohnerzahl

–1,34 %
pro Jahr

Blick in die barocke Altstadt von Vilnius.

Kunstobjekte aus der „Republik Uzupis" – Vilnius-Altstadt.

Malta

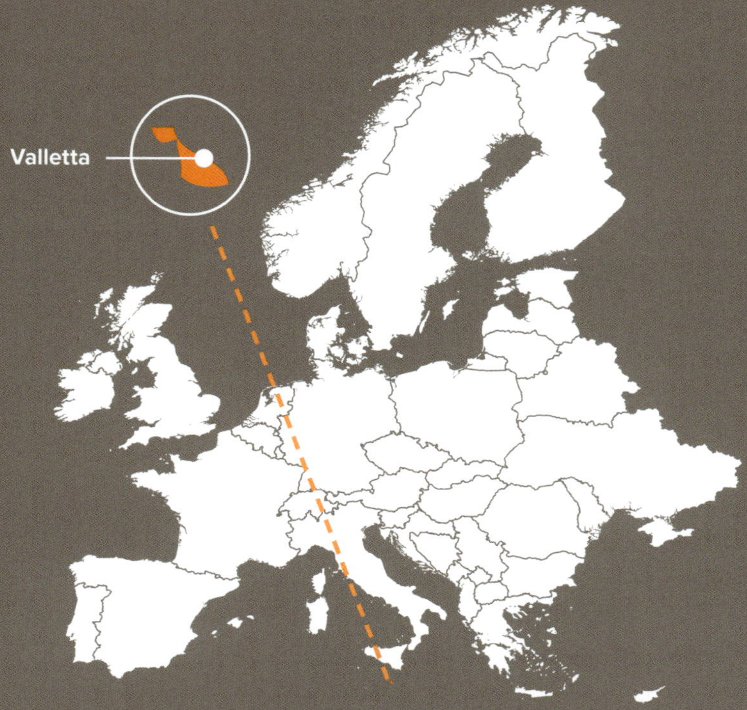

EU-Mitglied seit
1. Mai 2004

Fläche
316 km²

Amtssprachen
Maltesisch, Englisch

Einwohnerzahl
475.701

Stand: 1. Quartal 2019

Brot und Spiele – damit kennen sie sich auf Malta aus.

Die kleine Mittelmeerinsel, einst von den Römern besetzt, ist Europas Hochburg für Online-Glücksspiele und hat ein unglaublich leckeres Weizenbrot. Das Brot taucht sogar in vielen lokalen Redewendungen auf. Redet jemand auf der Insel vom reichen Nachbarn, dann heißt es: „Der hat sein Brot gebacken."

Und das haben viele auf Malta. Briefkastenfirmen, Glücksspiel oder Steuerschlupflöcher sind Leib- und Magengeschäft im kleinsten Staat der EU. Wo genau das viele Geld immer herkommt, will man nicht so genau wissen. Auf der Insel sagt man dazu auch gern: „Malta hat Weizen nie abgelehnt." Malteser schauen also einem geschenkten Gaul nicht ins Maul.

Wer es dennoch tut, kann sich in Gefahr begeben. Eine Journalistin, die Korruption in höchsten Regierungskreisen nachging, wurde auf offener Straße ermordet. Der Fall ist bis heute nicht aufgeklärt.

Online-Casinos sind in Deutschland übrigens illegal. Über maltesische Firmen allerdings erscheinen ihre Verlockungen in ganz Europa. So wollen es die Freiheiten der EU. Schade nur, dass das nicht auch für Brot aus Malta gilt.

ZUM REZEPT >

SO GEHT'S

TIPP

Das Ganze geht natürlich auch ohne Backstein. Einfach das Brot direkt auf einem mit vorgeheizten Backblech backen. Das Brot (Ħobż) ist außen knusprig und innen luftig locker. Die Malteser essen es gern noch warm mit Olivenöl, dann heißt es „Ħobż biz-Zejt“.

Maltas Sauerteigbrot

Ħobż tal-Malti

ERGIBT 1 GROSSES BROT

Vorteig

100 g Weizensauerteig (Anstellgut, siehe Seite 13)
150 g handwarmes Wasser
150 g Weizenmehl (Type 550)

Hauptteig

500 g handwarmes Wasser
10 g frische Hefe
650 g Weizenmehl (Type 550) plus Mehl zum Bestäuben
150 g Weizenmehl (Type 1050)
20 g Steinsalz
10 g Olivenöl plus Öl zum Einfetten
10 g Hartweizengrieß zum Bestreuen

AUSSERDEM

Brotschieber
Brotbackstein (alternativ ein Backblech verwenden; siehe Tipp)

1 Am Vorabend für den Vorteig das Anstellgut (sollte am Abend zuvor aufgefrischt worden sein) mit Wasser und Weizenmehl in der Schüssel der Küchenmaschine vermischen und abgedeckt über Nacht **10–12 Stunden** bei Raumtemperatur gehen lassen. **2** Am nächsten Morgen für den Hauptteig Wasser, Hefe, beide Mehle und Salz zum Vorteig geben, vermischen und in der Küchenmaschine **9 Minuten** kneten. Der Teig sollte noch leicht feucht sein, aber sich vom Schüsselboden lösen. **3** Eine Schüssel mit Olivenöl ausstreichen, den Teig hineingeben, abdecken und etwa **2 Stunden** bei Raumtemperatur gehen lassen, bis sich das Teigvolumen verdoppelt hat. Dabei den Teig zweimal falten: das erste Mal nach **50 Minuten,** das zweite Mal nach **80 Minuten,** dabei vorher jeweils mit 5 g Olivenöl beträufeln. **4** Den Backofen auf **250 °C Ober-/Unterhitze** vorheizen und eine Auflaufform hineinstellen. **5** Den Brotschieber mit reichlich Grieß bestreuen. Den Teig auf eine bemehlte Arbeitsfläche stürzen und behutsam zu einem Laib formen – auf keinen Fall mehr kneten, nur etwas falten, und dann auf den Brotschieber setzen. **6** Auf den heißen Backstein in den vorgeheizten Ofen schieben, ein Glas Wasser in die Auflaufform schütten und **30 Minuten** backen, dabei nach **10 Minuten** die Temperatur auf **200 °C** reduzieren. **7** Für eine schöne Kruste den Ofen in den letzten **5 Minuten** des Backvorgangs immer wieder lüften. **8** Herausnehmen und dann das Ħobż tal-Malti auf einem Küchengitter auskühlen lassen.

Hochkultur und Niedrigsteuern

Der alten Hauptstadt muss man sich eigentlich vom Meer aus nähern, so eindrucksvoll und wehrhaft türmt sich Valletta entlang der Hafenbecken auf. Hier kann eine ganze Flotte Schutz vor Stürmen und Angreifern finden und der natürliche Hafen bestimmte über Jahrtausende den Lebenszweck der Insel. Malta liegt südlich von Sizilien und nahe der Küste zu Nordafrika.

Eine Kreuzung der Kulturen und der Mächte ...

Eine Kreuzung der Kulturen und der Mächte, die über das Mittelmeer Handel trieben. Phönizier, Karthager, Römer, Germanen, Normannen und Araber machten hier ihre Trossen fest, bis sich im 16. Jahrhundert der Johanniterorden auf der Insel niederließ. Er half den Bewohnern, sich gegen das osmanische Reich zu verteidigen, und seine Burg an einer Meerenge des Great Harbour steht heute für Besucher offen. Die Johanniter wurden vom europäischen Adel unterstützt, kämpften sie doch an vorderster Front gegen den Ansturm der Ungläubigen. Im 19. Jahrhundert übernahmen dann die Briten den Schutz Maltas und damit eine strategische Position vor der Küste Nordafrikas.

Nach dem EU-Beitritt 2004 aber entdeckte Malta, übrigens das kleinste aller Mitgliedsländer, ein neues Geschäftsmodell. Hunderte von Anwaltskanzleien beschäftigen sich seitdem mit diskreter Geldanlage für internationale Kunden, gern aus dem arabischen Raum oder Russland. Gleichzeitig vermitteln sie auch einen maltesischen Pass, falls die Anleger den Wunsch nach freiem Zutritt zur EU haben. Die laxe Praxis hat bei den anderen Europäern schon mehrfach für Ärger gesorgt. Als Malta dann 2018 Kulturhauptstadt Europas wurde, wollte man eigentlich stolz die renovierte Altstadt Vallettas und die heimische Kultur präsentieren. Aber es lag ein dunkler Schatten auf der Insel, denn wenige Monate zuvor war die Journalistin Daphne Caruana Galizia ermordet worden. Sie hatte Korruption in der Regierung aufgedeckt und die Tat bleibt bis heute ungesühnt. Ein Schandfleck auf der Ehre der EU, so fand man, aber Maltas herrschende Labour Party gibt sich ungerührt und tut nichts, um das

Ein Schandfleck auf der Ehre der EU ...

Dickicht der Korruption auf der Insel zu lichten. Für die Bürger ist das bitter, aber Hunderttausende Touristen merken nichts davon. Sie haben nur Augen für die Geschichte und die Schönheit dieses südlichsten Außenpostens von Europa.

FACTS & IMPRESSIONS

Zuschuss von der EU

0,60 €
pro Person
und Tag
(siehe Seite 202)

Vertrauen in die EU

52 %

Lebenszufriedenheit

7,1/10

Entwicklung Einwohnerzahl

+3,27 %
pro Jahr

Blick auf Valletta.

Typische Altstadthäuser.

Polen

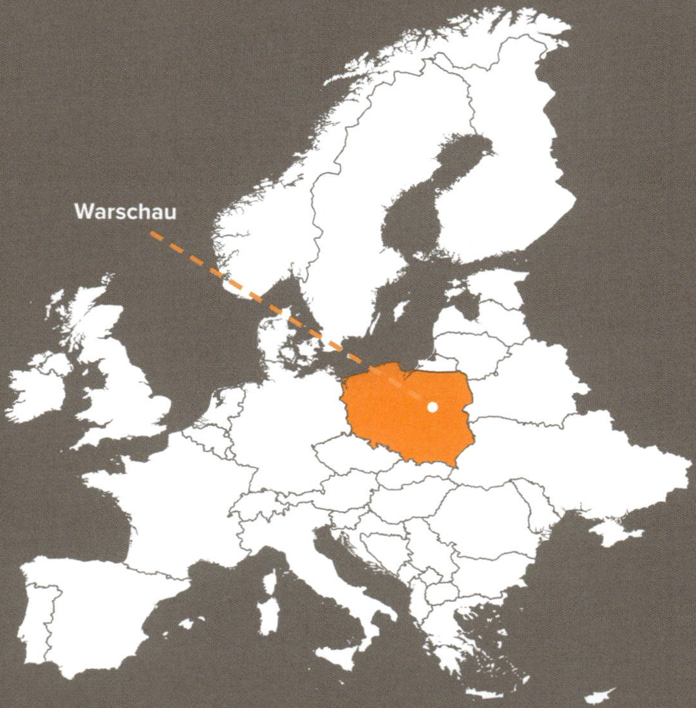

EU-Mitglied seit
1. Mai 2004

Fläche
312.696 km²

Amtssprache
Polnisch

Einwohnerzahl
37.976.687

Stand: 1. Quartal 2019

EU-Subventionen gehen in Polen weg wie die beliebteste kulinarische Spezialität Krakaus, die Obwarzanki krakowskie.

Kein anderes EU-Mitglied erhält mehr EU-Fördermittel für Straßen, Universitäten oder Stadtsanierung. Rund 200 Milliarden Euro sind im Brüsseler Topf für Regionalförderung und ein Fünftel davon fließt allein nach Polen.

Das Problem dabei ist, dass die Europäer mit keiner anderen Regierung so viel Ärger haben. Denn während Warschau aus der Gemeinschaftskasse absahnt, wird durch undemokratische Justizreformen der Rechtsstaat in Polen von hinten durch die kalte Küche abgeräumt. Die nationalkonservative Regierung in Warschau will sich die Justiz wie einen polnischen Hefekringel um den Finger wickeln. Jarosław Kaczyński, Strippenzieher und politischer Pate, hat dabei seine Finger in vielen Töpfen und jahrelang für seine Machtergreifung geübt.

Trotz ziemlich systematischer Hetze aus Warschau ist die Europäische Union in Polen aber sehr beliebt. Sie trägt viel zum Wohlstand des Landes bei und schützt seine Spezialitäten. EU-Recht garantiert, dass der Markenname „Obwarzanek krakowski“ wie Parmaschinken oder Champagner streng geschützt ist. So darf nämlich nur heißen, was in Krakau und Umgebung gebacken wird.

ZUM REZEPT >

SO GEHT'S

Bagels aus Krakau

Obwarzanki krakowskie

ERGIBT 9 BAGELS

355 g handwarmes Wasser
75 g enzymaktives Backmalz
6 g frische Hefe
690 g Weizenmehl (Type 550)
12 g Steinsalz
2 EL Honig
1–2 EL Sesamsamen
1–2 EL Mohnsamen

1 Das Wasser in die Schüssel einer Küchenmaschine geben und 25 g Backmalz darin auflösen. Dann die Hefe einrühren. Weizenmehl und Salz untermischen und den Teig **10 Minuten** in der Küchenmaschine kneten, bis er elastisch wird und sich vom Schüsselboden löst. **20 Minuten** bei Raumtemperatur ruhen lassen. **2** Den Teig in neun gleich große Stücke teilen und jedes Stück ohne zusätzliches Mehl zwischen den Fingern mit etwas Druck zu einer Kugel formen. Dann die Kugeln mit feuchten Händen zu rund 50 cm langen Strängen rollen.

Weiter auf der nächsten Seite >

Inspiriert durch die Bäcker Stanley Ginsberg und Norman Berg.

Bagels aus Krakau

Obwarzanki krakowskie

3 Jetzt jeweils die Mitte eines Strangs zu einer Schlaufe formen **(3 A)** und die beiden Strangenden je dreimal um die Schlaufe wickeln **(3 B).** Zum Schluss die beiden spitzen Enden zusammendrücken und mit der flachen Hand noch einmal über die Stelle rollen **(3 C).** Die Teiglinge mit einem Küchentuch abdecken und rund **15 Stunden** im Kühlschrank gehen lassen. **4** Die Teiglinge **30 Minuten** vor dem Kochen aus dem Kühlschrank nehmen. Den Backofen mit einem Backblech auf **240 °C Ober-/Unterhitze** vorheizen. **5** 4 l Wasser in einem großen Topf zum Kochen bringen und den Honig mit dem restlichen Backmalz darin

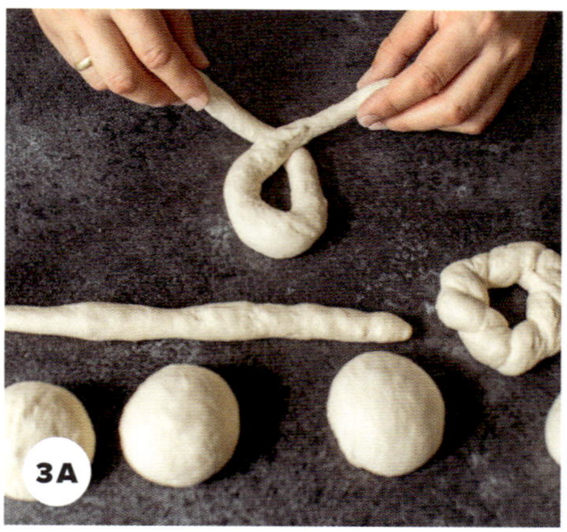

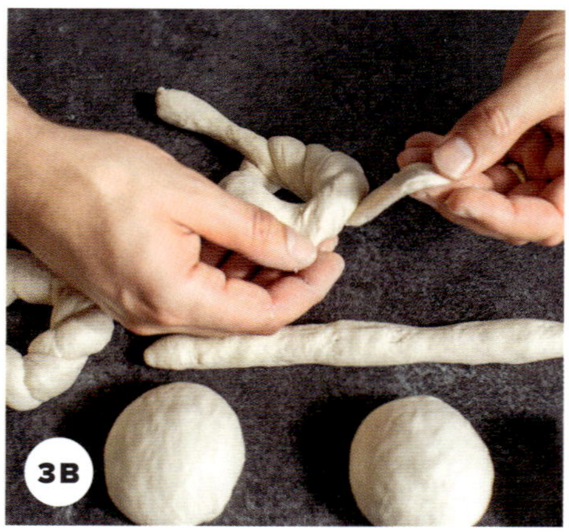

auflösen. **6** Jetzt portionsweise je zwei oder drei Teiglinge mit der Oberseite nach unten ins kochende Wasser geben und von jeder Seite **30 Sekunden** garen. Die Bagels mit einem Schaumlöffel herausheben, kurz abtropfen lassen und auf Backpapier legen. Solange sie noch dampfen, abwechselnd mit Sesam- und Mohnsamen bestreuen. **7** Das Backpapier mit den Bagels auf das heiße Backblech im vorgeheizten Ofen ziehen und **15 Minuten** goldbraun backen. **8** Herausnehmen und die Obwarzanki krakowskie auf einem Küchengitter auskühlen lassen. Frisch genießen.

Der polnische Weg

Eigentlich geht es Polen richtig gut. Denn es ist Wirtschaftswunderkind und Wachstumsmeister der EU. Polen lässt sogar die asiatischen Tiger hinter sich. Das wäre ein Grund, in Europa gut gelaunt aufzutreten. Aber nach einigen guten Jahren, in denen Polen konstruktiver Partner in Brüssel war, machten die Bürger plötzlich eine Kehrtwende. Sie wählten die nationalkonservative PiS-Partei und von da ab ging's bergab. Das galt für die Beziehungen zu den deutschen Nachbarn ebenso wie für die zunehmende Isolation in Europa. Es ist, als ob das ganze Land durch den misanthropischen Charakter von Parteichef Jarosław Kaczyński zu Boden gedrückt wird. Dabei sind die Polen extrem europafreundlich und die Regierung in

Dabei sind die Polen extrem europafreundlich …

Warschau musste vor der letzten EU-Wahl ihre feindlichen Töne sogar etwas abmildern. Allerdings zeigt sich Polen in wichtigen Fragen als Bremser: Zuletzt blockierte es die Selbstverpflichtung aller EU-Länder, bis 2050 klimaneutral zu werden. Das Land setzt weiter auf Kohle und will mehr Entschädigungszahlungen aus Brüssel.

Aber es wäre falsch und ungerecht, Polen auf seine derzeitige Regierung zu reduzieren. Immer wieder gibt es Proteste, die Zivilgesellschaft lebt und hin und wieder meldet sich sogar noch die Ikone der frühen Demokratiebewegung zu Wort. Lech Wałęsa genießt nach wie vor hohe Verehrung. Vielleicht ist es eine besondere polnische Form der Vergangenheitsbewältigung, die sich weniger auf die jüngsten Erfolge und mehr auf frühere Ungerechtigkeiten konzentriert. Die Jahrhunderte, als sich Russland und Deutschland wechselweise Teile Polens einverleibten, scheinen nicht überwunden. Als EU-Mit-

… unbeschwert das Glück seines schönen Landes genießen.

glied aber könnte Polen heute unbeschwert das Glück seines schönen Landes genießen, die masurische Seenplatte oder die leuchtende Ostseeküste. Und man sollte seine Bürger nicht nur mit den besten und fleißigsten Handwerkern Europas in Verbindung bringen – Polen hat gleich vier Träger des Literaturnobelpreises hervorgebracht, zuletzt die Dichterin Wisława Szymborska. Die intellektuelle Klasse orientierte sich früher an Frankreich und war schon immer sehr europäisch. Aus dieser Zeit stammt auch die anhaltende Chopin-Verehrung, wobei es heute in Polen eine lebendige Jazz-Szene gibt. Dem Land fehlt also nichts zum Glück, es müsste sich nur noch dazu entschließen.

FACTS & IMPRESSIONS

Zuschuss von der EU

0,62 €
pro Person
und Tag
(siehe Seite 202)

Vertrauen in die EU

46 %

Lebenszufriedenheit

7,3/10

Entwicklung Einwohnerzahl

+0,01 %
pro Jahr

Bergarbeiter in Gala-Uniform.

Die polnische Ostseeküste.

Slowakei

EU-Mitglied seit
1. Mai 2004

Fläche
49.034 km²

Amtssprache
Slowakisch

Einwohnerzahl
5.443.120

Stand: 1. Quartal 2019

Die Europawahl 2019 haben die Slowaken bierernst genommen.

Und das will etwas heißen in dem Land, wo der kühle Gerstensaft seit Jahrhunderten gebraut wird und sogar in den Brotteig gehört.

Die Wähler verdoppelten ihre Beteiligung und ließen den alten Minusrekord hinter sich. Außerdem machten sie ganze Sache und stimmten mit großer Mehrheit für eine proeuropäische Allianz. Eine Ohrfeige für die Regierung, die tief im Sumpf der Korruption steckt und auch noch gegen Brüssel wettert.

Der Mord an dem Journalisten Ján Kuciak hat das Land nachhaltig politisiert und wie ein Treibmittel gewirkt. Die Slowaken wehren sich und für das Netzwerk von Politik und mafiösen Geschäftsleuten wird es eng. Kuciak war den kriminellen Verstrickungen auf der Spur und hat dafür mit dem Leben bezahlt.

Ganz unschuldig ist dagegen das slowakische Brot. Die Teigkugeln des Pivný chlieb werden in der Kupferform gebacken und bekommen am Schluss eine dicke Eierlasur. Sie lässt die Kruste schön glänzen und schützt vor Austrocknen. Und für den besonderen Akzent im Teig sorgt ein Gläschen Bier, das passt in der Slowakei einfach zu jeder Gelegenheit.

ZUM REZEPT >

Slowakisches Bierbrot

Pivný chlieb

ERGIBT 1 GROSSES BROT

Vorteig (Poolish)
120 g Weizenmehl (Type 550)
120 g handwarmes Wasser
0,1 g frische Hefe

Kochstück
20 g Weizenmehl (Type 550)
18 g Steinsalz
100 g kaltes Wasser

Hauptteig
580 g Weizenmehl (Type 550)
280 g Dinkelmehl (Type 630)
300 g handwarmes Bier
(z. B. ein schönes Pils)
10 g frische Hefe
30 g Honig
Butter zum Einfetten
1 Eiweiß zum Bestreichen

AUSSERDEM
rundes Kuchenblech
(Ø 34 cm) oder rundes
Pizzabackblech mit Rand

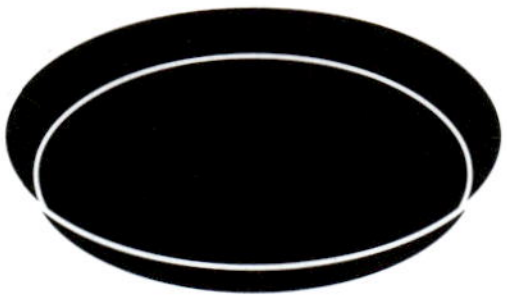

1 Für den Vorteig die Zutaten in einer Schüssel mischen und abgedeckt bei Raumtemperatur rund **16 Stunden** reifen lassen. **2** Für das Kochstück Weizenmehl und Salz in einen Topf geben, das Wasser einrühren und unter Rühren aufkochen. So lange weiterrühren, bis die Masse eindickt, maximal **3 Minuten.** Das Kochstück in ein Einmachglas füllen und ebenfalls **16 Stunden** reifen lassen. **3** Am nächsten Tag für den Hauptteig beide Mehle, Bier, Hefe und Honig in die Schüssel der Küchenmaschine geben. Vorteig und Kochstück hinzufügen, mischen und den Teig in der Küchenmaschine **10 Minuten** langsam und dann **8 Minuten** schnell kneten, bis er sich gut vom Schüsselboden löst. Abdecken und **2 Stunden** ruhen lassen. **4** Teig aus der Schüssel nehmen, kurz durchkneten, in 16 gleich große Portionen (à etwa 95 g) teilen und mit ordentlich Druck unter dem Handballen durch kreisende Bewegungen zu Kugeln formen. Am Schluss die Teigbälle locker zwischen den Fingern kreisen lassen. **5** Das Kuchenblech einfetten und die Teiglinge ringförmig daraufsetzen. **90 Minuten** auf das doppelte Volumen gehen lassen und dann mit dem Eiweiß bestreichen. **6** Den Backofen auf **240 °C Ober-/Unterhitze** vorheizen und eine Auflaufform hineinstellen. **7** Das Blech in den vorgeheizten Ofen schieben, eine Tasse Wasser in die Auflaufform geben, damit Dampf entsteht, und **10 Minuten** backen. Dann die Hitze auf **210 °C** reduzieren und weitere **15 Minuten** backen. **8** Aus dem Ofen nehmen, das Pivný chlieb sofort aus der Form nehmen und auf einem Küchengitter auskühlen lassen.

Sieger auf dem Eis

Die Slowakei ist ein kleines, waldreiches Land in Mitteleuropa. Aber damit ist natürlich nichts wirklich erklärt. Es dauerte ja eine Weile, bis das Land als eigenständige Nation wahrgenommen wurde, weil es sich erst 1993 vom größeren Nachbarn und langjährigen Partner Tschechien abspaltete. Das ging aber so friedlich, dass diese Trennung auch „samtene Scheidung" genannt wird. Was sollte man noch über die relativ frischgebackene Slowakei wissen? Vor allem, dass sie ein Riese im Eishockey ist und 2002 sogar schon einmal Weltmeister war. Damals schlugen die Slowaken die Russen vom Platz, was endlosen Jubel und grenzenlose Begeisterung auslöste: Einige osteuropäische Länder haben noch das eine oder andere historische Hühnchen mit Russland zu rupfen. Als die Slowakei dann aber als Gastgeber der WM antreten durfte, flog sie beide Male schon in der Gruppenphase raus, was wiederum zu schweren Depressionen führte.

Die Slowakei ist besonders stolz auf ihre Fähigkeiten beim Eishockey.

In die Negativschlagzeilen kam das Land 2018 durch den Mord an dem Investigativjournalisten Ján Kuciak. Er war einem Oligarchen zu nahe gekommen, der jetzt wegen Mordverdachts angeklagt wird. Es ging um mafiöse Verstrickungen zwischen Regierung, Unternehmern und krimineller Halbwelt. Dabei spielten auch EU-Subventionen eine Rolle. So etwas gibt es in unterschiedlicher Intensität in vielen Ländern Osteuropas. Aber die Slowaken wehrten sich und nach Massendemonstrationen musste Regierungschef Robert Fico gehen, wenn auch seine Partei weiter an der Macht blieb. Als aber im Frühjahr ein neuer Präsident gewählt wurde, sandten die Slowaken erneut eine Botschaft an ihre Regierung: Zuzana Čaputová ist eine progressive Juristin, die die Korruption bekämpfen und für eine liberale Gesellschaft werben will.

Nach dem Mord an dem Journalisten Ján Kuciak protestierten die Bürger gegen Korruption in der Regierung.

Abgesehen von den jüngsten politischen Verwerfungen aber gehört die Slowakei zu den Erfolgsgeschichten der EU. Die Wirtschaft wächst, die Investoren kommen und haben den kuriosen Rekord hervorgebracht, dass nirgends auf der Welt – gerechnet auf die Einwohnerzahl – mehr Autos hergestellt werden als in der Slowakei. Touristen kommen auch, und zwar, um in Bratislavas Altstadt billiges Bier zu trinken oder in den Bergen der Hohen Tatra zu wandern und Ski zu laufen. Und dann glauben noch zwei slowakische Orte, dass sie der Nabel Europas sind. Aber liegt nun Kremnické Bane oder Krahule im geografischen Mittelpunkt? Egal, das sollen die Slowaken lieber unter sich und mit allen anderen Dörfern in der EU ausmachen, die diese Ehre für sich beanspruchen.

FACTS & IMPRESSIONS

Zuschuss von der EU

0,49 €
pro Person
und Tag
(siehe Seite 202)

Vertrauen in die EU

44 %

Lebenszufriedenheit

7/10

Entwicklung Einwohnerzahl

–0,15 %
pro Jahr

Eishockey, ein Nationalsport in der Slowakei.

Krahule – möglicher Mittelpunkt Europas?

Slowenien

EU-Mitglied seit
1. Mai 2004

Fläche
20.273 km²

Amtssprache
Slowenisch

Einwohnerzahl
2.066.880

Stand: 1. Quartal 2019

Wer glaubt, es sei ein Kraftakt, die EU zu verlassen, der weiß nicht, wie schwer man in den Club reinkommt.

Das kleine Slowenien nahm 2004 diese Hürde, nachdem es jahrzehntelang zum kommunistischen Vielvölkerstaat Jugoslawien gehört hatte. Aber im Herzen fühlte man sich schon lange europäisch.

Deshalb avancierte Slowenien in den Beitrittsverhandlungen ab 1998 schnell zum Musterschüler, denn wie beim traditionellen Buchweizenbrot waren viele wichtige Zutaten im Teig schon enthalten. Eine Mischung aus Weizenmehl wie Wahrung der Menschenrechte, Roggenmehl wie Rechtsstaat und Vollkornmehl wie Verbraucherschutz. Hinzu kommen Buchweizenmehl, Wasser, Salz und Honig – schließlich arbeiten fünf von 1.000 Slowenen in der Imkerei.

Auch Nüsse stecken in diesem ganz speziellen Teig, wobei in den EU-Verhandlungen damals nicht alle geknackt werden konnten. Die unterirdischen Verflechtungen von slowenischen Banken mit Wirtschaft und Politik brachten in der Finanzkrise Slowenien an den Rand der Pleite.

Heute aber ist Slowenien wie sein Brot ein gesundes und robustes Mitglied im Herzen der EU. So mancher Beitrittskandidat auf der Balkan-Wartebank könnte sich da eine Scheibe vom Ajdov kruh oder Buchweizenbrot abschneiden.

ZUM REZEPT >

SO GEHT'S

Sloweniens Buchweizenbrot

Ajdov kruh

ERGIBT 1 BROT

Sauerteig

60 g Roggensauerteig (Anstellgut, siehe Seite 12)
150 g handwarmes Wasser
120 g Roggenmehl (Type 1150)

Buchweizenvorteig

100 g Buchweizenmehl
180 g kochend heißes Wasser

Hauptteig

100 g Roggenmehl (Type 1150)
200 g Weizenmehl (Type 1050)
200 g Weizenmehl (Type 550) plus Mehl zum Bestäuben
200 g handwarmes Wasser
20 g slowenischer Honig
100 g Walnusskerne
12 g Steinsalz

1 Für den Sauerteig Anstellgut, Wasser und Roggenmehl in einer Schüssel mischen und bei Raumtemperatur über Nacht **10–12 Stunden** gehen lassen. **2** Am nächsten Tag für den Buchweizenvorteig das Buchweizenmehl in die Schüssel der Küchenmaschine geben, dann mit dem heißen Wasser übergießen und **20–30 Minuten** abkühlen lassen. **3** Für den Hauptteig alle drei Mehle, Wasser, Honig, Walnusskerne und Salz in die Schüssel mit dem Buchweizenvorteig geben, den Sauerteig hinzufügen und **15 Minuten** per Hand oder **7 Minuten** in der Küchenmaschine kneten – der Teig ist sehr klebrig. **4** Abdecken und rund **4 Stunden** gehen lassen, bis sich das Volumen des Teigs verdoppelt hat. **5** Den klebrigen Teig jetzt auf der bemehlten Arbeitsfläche noch einmal formen und mit dem Teigschaber rundwirken, also von den Seiten zur Mitte hin falten. Dann auf einen Bogen Backpapier geben, abdecken und **60–90 Minuten** gehen lassen, bis sich das Teigvolumen verdoppelt hat. Wer möchte, kann jetzt dem Teigling mit Mehl und einer Schablone ein Muster verpassen. **6** Inzwischen den Backofen mit einem Backblech auf **250 °C Ober-/Unterhitze** vorheizen und eine Auflaufform hineingeben. **7** Das Brot mit dem Backpapier sanft auf dem heißen Blech im vorgeheizten Ofen platzieren. Sofort ein Glas Wasser in die Auflaufform gießen und insgesamt **35 Minuten** backen, dabei nach **10 Minuten** den Dampf ablassen und die Temperatur auf **200 °C** reduzieren. **8** Herausnehmen und das Ajdov kruh auf einem Küchengitter auskühlen lassen.

Das kleine Alpenvolk

Für Tito war der Landstrich zwischen Österreich, Italien und Ungarn die Perle seines Vielvölkerstaates.

Schon General Tito machte gern Urlaub in Slowenien. Der Herrscher über das frühere Jugoslawien schätzte die Schönheit seiner Berge und Seen. Für ihn war der Landstrich zwischen Österreich, Italien und Ungarn die Perle seines Vielvölkerstaates. Nach seinem Tod aber wollte sich Slowenien so schnell wie möglich von der Herrschaft in Belgrad befreien. Slowenische Kräfte konnten die jugoslawische Armee im sogenannten 10-Tage-Krieg zurückschlagen und das Land wurde 1991 unabhängig. Das Vorbild der Slowenen aber wurde zum Auslöser für die blutigen Balkankriege in den 1990er-Jahren. Denn alle Regionen in Jugoslawien wollten sich daraufhin abspalten. Am Ende gab es Tausende Tote, tiefe Feindschaften und neun neue Staatsgebilde, von denen mehrere bis heute nicht lebensfähig sind.

Slowenien ist aber nicht nur ein fleißiges, sondern auch ein schönes Land.

Die Slowenen aber ergriffen ihre Chance mit beiden Händen, traten schon 2004 der EU und drei Jahre später dem Euro bei. Sie sind heute das wohlhabendste der früheren Balkanländer – wobei sie kulturell eigentlich ein Alpenvolk sind, ähnlich den Schweizern und Norditalienern. Vielleicht stammt daher ihre berühmte Disziplin, die ihnen dabei half, eine funktionierende Wirtschaft aufzubauen, die wiederum Hunderttausende Migranten aus Bosnien und anderen armen Nachbarländern anzog. Slowenien ist aber nicht nur ein fleißiges, sondern auch ein schönes Land. „Ein irdisches Paradies mit schneebedeckten Bergen, türkisfarbenen Flüssen und einer Küste wie im Veneto“, schreibt der Reiseführer „Lonely Planet“. Ein Text, wie direkt von der slowenischen Tourismuswerbung verfasst. Die Küste ist dabei nur ganze 46 Kilometer lang und wirkt italienisch. Sie bietet Abwechslung, wenn Wanderer und Skifahrer genug von den Bergen haben.

In der Hauptstadt Lubljana erinnern Architektur und Küche wiederum an das Erbe des österreichisch-ungarischen Kaiserreichs. Und schließlich sind die Slowenen auch noch Sportskanonen, mit begabten Kajak- und alpinen Skifahrern zum Beispiel. Alles deutet darauf hin, dass hier ein ziemlich glückliches Völkchen lebt.

FACTS & IMPRESSIONS

Zuschuss von der EU

0,19 €
pro Person
und Tag
(siehe Seite 202)

Vertrauen in die EU

44 %

Lebenszufriedenheit

7/10

Entwicklung Einwohnerzahl

+0,05 %
pro Jahr

Slowenisches Parlament.

Kajak – beliebte und international erfolgreiche Sportart in Slowenien.

Tschechien

EU-Mitglied seit
1. Mai 2004

Fläche
78.886 km²

Amtssprache
Tschechisch

Einwohnerzahl
10.610.055

Stand: 1. Quartal 2019

Der Duft von frischem Backwerk weckt oft Erinnerungen an die Vergangenheit.

Für Marcel Proust war es der sanfte Geruch der Madeleines. Für mich sind es die Rohlíky, denn das erste dieser Milchhörnchen habe ich kurz nach dem Fall des Eisernen Vorhangs gegessen. Das war in Chep, im Westen des heutigen Tschechiens, wo sie aus Weizen, Milch, Butter und ein wenig Ei in Mengen hergestellt werden.

In der Nähe liegt auch der Geburtsort meines Vaters, nur zehn Minuten entfernt auf der deutschen Seite in Oberfranken. Die Grenze war jahrzehntelang ein Niemandsland, heute laufe ich mit meinen Kindern einfach wieder von hier nach dort, gedankt sei Europa. Mit der abgewrackten Stadt aus meiner Jugend hat das heutige Chep aber nichts mehr zu tun, denn Tschechien hat sich wirtschaftlich seit der EU-Mitgliedschaft enorm entwickelt. Nur wer dachte, dass auch die liberalen Werte Europas im Osten über Nacht aufgehen wie die heimischen Hörnchen, der sieht sich getäuscht. In der Politik kann es leider manchmal noch länger dauern als beim Backen, denn gut Ding braucht Weile und in diesem Fall eine Extragärzeit.

ZUM REZEPT >

SO GEHT'S

Tschechische Hörnchen

Rohlíky

ERGIBT 8 HÖRNCHEN

280 g Milch
6 g frische Hefe
520 g Weizenmehl (Type 550)
10 g Steinsalz
15 g flüssiges Backmalz oder Zucker
1 Eigelb
35 g Butter oder Schweineschmalz
1 Ei

1 Milch, Hefe, Weizenmehl, Salz, Backmalz und Eigelb in die Schüssel der Küchenmaschine geben und **10 Minuten** kneten. Dann die Butter zugeben und weiterkneten, bis sich der Teig vom Schüsselboden löst. Abdecken und **30 Minuten** ruhen lassen. **2** Den Teig in acht Stücke teilen, diese zu Kugeln formen und abgedeckt **90 Minuten** ruhen lassen. **3** Die Teigkugeln zu etwa rechtwinkligen Dreiecken ausrollen und dann, mit der längeren Seite beginnend, aufrollen. **4** Die stangenförmigen Teiglinge über Nacht **10–12 Stunden** abgedeckt im Kühlschrank bei **8–9 °C** gehen lassen – da sich das Teigvolumen nicht sehr viel vergrößert, können sie in einer flachen Schüssel mit Deckel oder auf einem Brett mit Frischhaltefolie relativ dicht nebeneinandergelegt werden. **5** Am nächsten Morgen die Teiglinge zu Hörnchen formen oder alternativ als Stangen belassen. Auf ein mit Backpapier ausgelegtes Backblech setzen, mit einem Küchentuch abdecken und **90 Minuten** bei Raumtemperatur gehen lassen. **6** Inzwischen den Backofen auf **230 °C Ober-/Unterhitze** vorheizen. **7** Das Ei verquirlen, die Teiglinge damit bestreichen, in den vorgeheizten Ofen geben und **16 Minuten** backen. **8** Herausnehmen und die Rohlíky auf einem Küchengitter auskühlen lassen. Frisch genießen.

Bier und die samtene Revolution

Als Tschechien noch mit den Nachbarn in der Slowakei ein Land bildete und beide hinter dem Eisernen Vorhang saßen, war ein Ausflug nach Prag ziemlich speziell. Es war eine magische, wenn auch etwas düstere Stadt. Mit seinem uralten jüdischen Friedhof und den Palais der Schwarzenbergs und der anderen mitteleuropäischen Adelsfamilien schien es eine Reise in eine vergangene Zeit. Und das Lebensgefühl schien anders als sonst in Osteuropa, denn die Charta 77 war die erste Demokratiebewegung. Das urtschechische Buch „Die Abenteuer des braven Soldaten Schwejk" ist ein Symbol für den Geist eines Landes, in dem die Leute Dummheit und Absurdität ihrer Oberen ertragen und gleichzeitig subversiv unterlaufen. In Prag wurde damals politisch offen geredet. Künstler und Schriftsteller wie Milan Kundera, der schließlich nach Frankreich auswanderte, schufen ein besonderes geistiges Klima. Sein Kollege Václav Havel aber blieb und durchlebte die Jahre der Unterdrückung. Es war ein Tag des Triumphes für die Gallionsfigur der Bürgerrechtler, als er 1989 Präsident des Landes wurde. Die samtene Revolution hatte den friedlichen Umbruch gebracht.

Hier entstand die erste Bürgerrechtsbewegung in Osteuropa.

Zur Feier des Tages gab es in Tschechien schon immer ein schönes Bier in einer der zahllosen Pivnice, getrunken aus großen Krügen und am liebsten vom Fass gezapft. 138 Liter pro Kopf fließen im Jahr durch die Kehlen der Tschechen – das ist Weltspitze. Und das Bier hat Tradition, denn in Pilsen, von wo das weltberühmte Urquell stammt, wurde es schon im 13. Jahrhundert gebraut. Ein US-Getränkekonzern riss sich unterdessen den Namen „Budweiser" unter den Nagel, was zu einem jahrzehntelangen Rechtsstreit führte. Jedenfalls explodierten die tschechischen Bierexporte nach der Unabhängigkeit dermaßen, dass zwischendurch sogar in Polen gebraut wurde. Wirtschaftlich ging es sowieso nach dem EU-Beitritt 2004 steil bergauf, wenn auch das Land politisch zwischendurch neue Wirren durchlebte. Ein korruptionsverdächtiger Oligarch an der Regierung sorgte einmal mehr für Massendemonstrationen zur Verteidigung der Demokratie. Aber das kennen die Tschechen ja seit Langem – dieser Kampf hat bei ihnen schließlich gute Tradition.

In Tschechien wird seit dem 13. Jahrhundert Bier gebraut.

FACTS & IMPRESSIONS

Zuschuss von der EU

0,64 €
pro Person
und Tag
(siehe Seite 202)

Vertrauen in die EU

37 %

Lebenszufriedenheit

6,9/10

Entwicklung Einwohnerzahl

+0,29 %
pro Jahr

Václav-Havel-Flughafen in Prag.

Das Bierbrauen hat eine lange Tradition.

Ungarn

EU-Mitglied seit
1. Mai 2004

Fläche
93.036 km^2

Amtssprache
Ungarisch

Einwohnerzahl
9.778.371

Stand: 1. Quartal 2019

Beim Brotbacken ist es wie mit Europa:

Es gibt hier und da Ausnahmen, aber anders als beim Kochen muss man die Regeln befolgen. Teig ist erbarmungslos und zeigt jede Schwäche des Bäckers, der schnell in Teufels Küche kommen kann.

Ungarns Regierungschef Viktor Orbán gehört zu denen, die nur auf eigene Rezepte setzen. Er kassiert Milliardensubventionen aus Brüssel und hat zugleich die Freiheit von Presse und Justiz scheibchenweise beschnitten wie eine ungarische Salami. Gleichzeitig schürt er Hass gegen alles, was er für fremd erklärt. Ein rechter Antieuropäer also, dieser Orbán.

Dabei zeigt gerade das ungarische Kartoffelbrot, wie gut sich neue Zutaten in bewährte Rezepte einfügen können. Weil nämlich zur Zeit der Napoleonischen Kriege vor über 200 Jahren der Weizen knapp wurde, streckten die Bäcker in Ungarn ihr Brot einfach mit dem Importschlager aus Südamerika, der Kartoffel. Das Ergebnis ist ein besonders haltbares Brot, das durch etwas Schmalz noch feiner und saftiger wird. In Europa warten dagegen viele darauf, dass Regierungschef Viktor Orbán (siehe unten) auch sein Fett wegbekommt.

ZUM REZEPT >

SO GEHT'S

TIPP

Wenn man den Backofen in den letzten 10 Minuten einige Mal kurz lüftet, wird die Brotkruste schön kross.

Ungarns Kartoffelbrot

Krumplis kenyér

ERGIBT 1 BROT

Sauerteig

100 g Roggensauerteig (Anstellgut, siehe Seite 12)
220 g handwarmes Wasser
180 g Roggenmehl (Type 1150)

Autolyseteig

225 g Weizenmehl (Type 1050)
150 g handwarmes Wasser

Hauptteig

300 g gekochte Kartoffeln, abgekühlt
80 g Buttermilch
380 g Weizenmehl (Type 550) plus Mehl zum Bestäuben
130 g feines Roggenvollkornmehl
50 g Honig
20 g Steinsalz
1 TL Kümmelsamen
20 g Schweineschmalz od. Butter
Maismehl zum Bestreuen

AUSSERDEM

Gärkörbchen (rund, Ø 26 cm)
Brotschieber

1 Am Vorabend für den Sauerteig Anstellgut, Wasser und Mehl in einer Schüssel mischen, abdecken und über Nacht **10–12 Stunden** bei Raumtemperatur gehen lassen. **2** Für den Autolyseteig Mehl und Wasser in der Schüssel der Küchenmaschine mischen, abdecken und **30 Minuten** gehen lassen. **3** Für den Hauptteig die gekochten Kartoffeln zerdrücken und mit Buttermilch, beiden Mehlen, Honig, Salz und Kümmel zum Autolyseteig geben. Den Sauerteig hinzufügen und in der Küchenmaschine **8 Minuten** langsam kneten. Schmalz zugeben und noch **2 Minuten** schnell kneten. Abdecken und den Teig rund **3 Stunden** bei Raumtemperatur gehen lassen. **4** Dem Teig einen kurzen Hieb versetzen und auf einer gut bemehlten Fläche rundwirken. Dazu von allen Seiten zur Mitte hin falten und dann mit der Naht nach unten umdrehen. Mit beiden Händen auf einer nicht bemehlten Fläche zu sich ziehen, bis die Teigoberfläche schön gespannt ist. **5** Mit der Naht nach oben in das bemehlte Gärkörbchen legen und rund **90 Minuten** gehen lassen, bis sich das Teigvolumen verdoppelt hat. **6** Inzwischen den Backofen mit einem Backblech auf **250 °C Ober-/Unterhitze** vorheizen und eine Auflaufform hineingeben. **7** Maismehl auf den Brotschieber streuen, das Brot vorsichtig daraufstürzen und mit einem scharfen Messer oder einer Rasierklinge mehrere halbrunde Schnitte setzen. Auf das heiße Blech im vorgeheizten Ofen schieben, etwas Wasser in die Auflaufform gießen und rund **40 Minuten** backen, dabei nach **10 Minuten** die Hitze auf **200 °C** reduzieren und in den letzten **10 Minuten** den Ofen einige Mal kurz lüften. **8** Herausnehmen und das Krumplis kenyér auf einem Küchengitter auskühlen lassen.

Der Balaton und der kleine Diktator

Traditionell sind die Ungarn ein gastfreundliches Volk. Man kann sich preiswert die Zähne richten lassen, die Jugendstil-Architektur von Budapest bewundern oder am Plattensee Urlaub machen. Als Europa noch durch den Eisernen Vorhang getrennt war, waren Ferien am Balaton, dem 77 Kilometer langen See im Herzen des Landes, Belohnung für Funktionäre und Politkader. Dort konnte man Gulasch essen, schlechten Rotwein trinken und die Probleme des realen Sozialismus für eine Weile vergessen. Heute künden noch Betonkastenhotels von diesen Frühformen des Tourismus. Aber längst bemüht sich die Region um ein modernes Image und die Besucher kommen aus ganz Europa. Wenngleich in den vergangenen Jahren der Ruf Ungarns etwas gelitten hat. Denn seit Premier Viktor Orbán immer weiter ins rechtsextreme Lager schwenkt, entsteht zunehmend Streit mit den anderen Europäern und mit Brüssel über den undemokratischen Kurs. „Der kleine Diktator" hatte ihn EU-Kommissionspräsident Juncker einmal bei einem Treffen genannt. Der Spitzname blieb kleben und ist nicht freundlich

Der „kleine Diktator" hat den guten Ruf Ungarns verdorben.

gemeint. Orbán hat Ausländerfeindlichkeit und Abschottung zur zentralen Politik erhoben und sein Land unter der Hand zum Selbstbedienungsladen für sich und seine Clique umgebaut.

Dabei nutzt der Regierungschef eine Angst vor Überrumpelung von fremden Mächten, die tief in seinen Landsleuten zu wurzeln scheint. „Hab Mitleid, Herr, mit dem Ungarn, den die Gefahren schütteln", heißt es in der letzten Strophe der Nationalhymne, die zwar nicht gesungen, aber wohl gefühlt wird. Der Ursprung liegt wie immer in der Geschichte. Es gab eine lange türkische Besatzung, die Vereinnahmung durch das Habsburger Reich, im 20. Jahrhundert dann Nationalsozialismus und russische Dominanz – das ungarische Nationalgefühl ist fragil. Heute ist das kleine Land einer der größten Empfänger von EU-Geldern und hat sich wirtschaftlich ziemlich gut entwickelt. In Europa aber wird es wegen seiner politischen

Für Touristen pflegt Ungarn die Puszta-Romantik mit Czárdásfürstin und Zigeunerbaron.

Entwicklung zunehmend als Irrläufer betrachtet. Ungeachtet dessen hat sich der Tourismus gut entwickelt, die alte Romantik von Czárdásfürstin und Zigeunerbaron wird gepflegt und Besucher sind gern gesehen, solange sie sicher wieder abreisen. In diesem Sinne: „Üdvözöljük!" – „Willkommen!" auf Ungarisch, einer der schwierigsten Sprachen Europas. Für Fremde ist es hier schon eine echte Herausforderung, auch nur die Wörter für „Guten Tag!" und „Danke schön!" zu lernen.

FACTS & IMPRESSIONS

Zuschuss von der EU

0,88 €
pro Person
und Tag
(siehe Seite 202)

Vertrauen in die EU

44 %

Lebenszufriedenheit

6,1/10

Entwicklung Einwohnerzahl

+0,2 %
pro Jahr

Das Parlament in Budapest.

Segelboote auf dem Balaton.

Zypern

EU-Mitglied seit
1. Mai 2004

Fläche
9.251 km²

Amtssprachen
Griechisch, Türkisch

Einwohnerzahl
1.198.427

Stand: 2017

Bei Zypern und seinem Brot dreht sich alles um Teilung und Wiedervereinigung.

Die Mittelmeerinsel ist tief gespalten wie der Teig des Fingerbrots „Koulouri daktyla“. Seit einem griechischen Putsch und einer türkischen Militärintervention vor über 40 Jahren leben nämlich griechische und türkische Zyprer getrennt. Alle Versuche, die Insel – wie die Teigstücke ihres Brotes – wieder zusammenzubringen, sind bislang gescheitert.

Die Spaltung geht dabei tief: Der Süden Zyperns gehört zur EU und im türkisch-zyprischen Norden ist die Mitgliedschaft ausgesetzt. Das Fingerbrot heißt dort „Çörek“, sieht aber genauso aus. Auf beiden Seiten gibt es auch die gleichen Brotgewürze und das gleiche Misstrauen, mit dem sich die Inselbewohner begegnen. Der Konflikt ist so zäh wie Mastix, das getrocknete Harz des Pistazienbaums, und so bitter wie Mahlep, die Kerne der Felsenkirsche.

Die zarte Hoffnung aber, dass die Grenzen doch einmal fallen könnten, keimt im Sesam. Wie schon in der sagenhaften Formel „Sesam, öffne dich!“ aus „Tausendundeiner Nacht“. Ist die Fruchtkapsel reif, lässt nämlich die Pflanze ihre Samen wie Schätze herauspurzeln. Also eine ordentliche Hand Sesam auf dem Brotteig verteilen.

ZUM REZEPT >

SO GEHT'S

Zyperns Fingerbrot

Koulouri daktyla

ERGIBT 1 BROT

Vorteig

15 g Weizensauerteig (Sauerteigstarter/Anstellgut, siehe Seite 13; alternativ 0,5 g frische Hefe)
130 g handwarmes Wasser
130 g Weizenmehl (Type 550)

Hauptteig

3 Körner Mastix* (Mastic)
4 Körner Mehlepi* (Mahlep; alternativ Anis)
50 g feines Maismehl
240 g Weizenmehl (Type 550) plus Mehl zum Bestäuben
120 g handwarmes Wasser
3 g frische Hefe
10 g Steinsalz
Olivenöl zum Einfetten
20 g Sesamsamen
10 g Schwarzkümmelsamen

AUSSERDEM

Brotschieber

1 Für den Vorteig alle Zutaten in der Schüssel der Küchenmaschine vermischen und über Nacht **10–12 Stunden** bei Raumtemperatur ruhen lassen. **2** Am nächsten Morgen für den Hauptteig Mastix und Mehlepi in einem Mörser zerkleinern. **3** Maismehl, Weizenmehl, Wasser, Hefe und Salz in die Schüssel mit dem Vorteig geben, die Mastix-Mehlepi-Mischung hinzufügen und in der Küchenmaschine **7 Minuten** kneten. **4** Eine verschließbare Schüssel mit Olivenöl ausstreichen, den Teig hineinlegen, verschließen und rund **2 Stunden** gehen lassen, dabei alle **30 Minuten,** also dreimal, falten, indem man von allen Seiten den Teig behutsam in die Mitte zieht.

Weiter auf der nächsten Seite >

* **Mastix (Mastic) und Mehlepi (Mahlep)**
Mastix ist das Gummiharz der Mastix-Pistazienbäume. Es sind kleine hellgelbe bis grünlich gelbe, ungleichförmige, kugelige bis birnenförmige, durchsichtige oder undurchsichtige, harte, glasige Bruchstücke. In Griechenland bekannt als Tränen von Chios. Das Wort „Mastix" ist in vielen Sprachen ein Synonym für Gummi. Als Mehlepi bezeichnet man den Keimling aus dem Kern der Felsenkirsche. In der arabischen (vor allem in Syrien), türkischen sowie griechischen Küche wird Mahlab (türk.: Mahlep) seit Jahrhunderten als Gewürz und Backzutat mit süßsaurem, nussigem Geschmack genutzt.

Zyperns Fingerbrot

Koulouri daktyla

5 Sesam und Schwarzkümmel in einem Sieb waschen und auf ein Küchentuch geben. **6** Den Teig ein viertes und letztes Mal falten, auf eine leicht bemehlte Arbeitsfläche stürzen und zu einem Laib auseinanderziehen. Rund zehn längliche Teile abstechen und mit einer Seite in die feuchten Samen drücken. **7** Den Brotschieber mit Backpapier auslegen und die einzelnen Stücke mit jeweils 1 cm Abstand nebeneinander auf dem Backpapier arrangieren (Samenseite oben; **7 A).** Mit einem Küchentuch abdecken und **60 Minuten** gehen lassen – nach der Ruhezeit haben sich die Lücken zwischen den Teigstücken

geschlossen **(7 B). 8** Inzwischen den Backofen mit einem Backblech auf **230 °C Ober-/Unterhitze** vorheizen und eine Auflaufform hineinstellen. **9** Den Teigling mit dem Backpapier jetzt auf das heiße Backblech schieben, einen Schuss Wasser in die Auflaufform geben, damit Dampf entsteht, und insgesamt **25 Minuten** backen, dabei die Temperatur nach **10 Minuten** auf **200 °C** reduzieren. **10** Herausnehmen, das noch heiße Koulouri daktyla sofort mit Wasser besprühen und auf einem Küchengitter auskühlen lassen.

Aphrodite und die Liebe zum Geld

Zypern ist der Geburtsort der Liebesgöttin Aphrodite. In Paphos, im Nordwesten der Insel, soll sie den Fluten des Mittelmeers entstiegen sein und zum ersten Mal irdischen Boden betreten haben. Ihr Heiligtum ist über 3000 Jahre alt. Später schätzten dann die Römer den sonnigen Ort mit Meerblick – die Landbesitzer und Händler der Antike hinterließen imposante Villen. Von denen blieb leider kaum mehr als die Fußböden, denn die Steine wurden im 19. Jahrhundert beim Bau des Suezkanals recycelt. Nach den Römern nutzten Kreuzritter, Italiener, Osmanen und Briten die Insel als Hafen und Sprungbrett zum Nahen Osten. Erst zum Ende des britischen Weltreichs wurde Zypern 1960 unabhängig. Wobei die Briten nicht wirklich gingen, sondern gleich als Ferienheimbesitzer und Winterurlauber zurückkehrten.

Die Freude an der Freiheit aber währte nur kurz …

Die Freude an der Freiheit aber währte nur kurz, denn der neu entbrannte Streit zwischen Griechenland und der Türkei um die strategisch wichtige Insel führte 1974 zu ihrer Teilung. Alle türkischstämmigen Zyprer mussten in den Norden umziehen, die ethnischen Griechen wurden in den Süden vertrieben. Und obwohl die grüne Linie längst durchlässig ist, haben sich die Landesteile auseinanderentwickelt. Zumal die griechische Seite 2004 der EU beitreten und aus der Liebe zum Geld ein Geschäftsmodell machen konnte. Zypern spezialisierte sich auf Finanzflüsse. Unter anderem von russischen Oligarchen, die für zwei Millionen Euro auch gleich einen zyprischen Pass erwerben und damit EU-Bürger werden können. Daneben florierte der Ausbau zum Steuersparparadies und als die Insel nach der Finanzkrise plötzlich am Rand des Staatsbankrotts stand, hieß die kritische Frage in Brüssel: Soll man ein Land, in dem ausländische Milliarden an der Steuer vorbeigeschleust werden, trotzdem retten? In der Not griff die Regierung ein und verpasste allen Kontoinhabern einen „Haircut“. Wer mehr als 100.000 Euro auf dem Konto hatte, verlor 40 % seines Guthabens an den Staat. So erreichte der Staat fiskalisch ziemlich schnell wieder das rettende Ufer. Dieser Tage gibt es nur noch ein drängendes Thema auf Zypern: die Wiedervereinigung. Viele Einwohner im griechischsprachigen Teil des Landes haben sich längst an den Status quo gewöhnt und bezweifeln, dass es die Mühe noch wert ist. Schließlich ist das Leben ziemlich gut auf Aphrodites Insel.

Zypern spezialisierte sich auf Finanzflüsse.

FACTS & IMPRESSIONS

Zuschuss von der EU

0,16 €
pro Person
und Tag
(siehe Seite 202)

Vertrauen in die EU

37 %

Lebenszufriedenheit

6,2/10

Entwicklung Einwohnerzahl

–1,09 %
pro Jahr

Die Ruinen der antiken Stadt Kourion.

Bis heute enden manche Straßen einfach in einer Sackgasse.

INSIDE THE EU

EU-Kommissar für humanitäre Hilfe und Krisenschutz von 2014 bis 2019.

„Brot ist ein Kulturgut ..."

BROTZEIT MIT CHRISTOS STYLIANIDES

GM Wie Sie wissen, backe ich sozusagen die EU. Alle 28 Länder. Und im Fall von Zypern habe ich das mal wörtlich genommen und Ihnen ein Brot in der Form Ihrer Insel gebacken.

CS Das ist ja tatsächlich Zypern. Sie haben Zypern aus Koulouri daktyla gebacken. Das ist ja großartig, ich bin beeindruckt!

GM Wo genau in Zypern sind Sie aufgewachsen?

CS Wie Sie wissen, ist Zypern eine geteilte Insel. Das Haus meiner Eltern liegt in der Altstadt von Nikosia, gerade mal 200 Meter von der sogenannten Green Line entfernt, der UN-Pufferzone zwischen dem griechischen und dem türkischen Teil.

GM Herr Stylianides, der Geschmack und der Duft von Brot wecken Erinnerungen. Woran denken Sie bei diesem Brot?

CS Für mich verbinden sich mit diesem Brot unglaublich viele Erinnerungen. Meine Großmutter lebte in einem Dorf im Troodos-Gebirge. Um das Koulouri daktyla zu backen, stand sie vier Uhr morgens auf. Mit ihren Schwestern bereitete sie den Teig zu und dann wurde er im Dorfofen gebacken. Und wir Kinder wollten natürlich immer die Ersten sein, die die noch warmen Brote probieren. Drei oder vier Stunden habe ich dort oft gewartet. Das ist bis heute eine sehr lebhafte Erinnerung an meine Kindheit in Zypern.

GM Während Ihrer Zeit als Kommissar für humanitäre Hilfe und EU-Krisenmanagement haben Sie oft selbst Brot an Hilfsbedürftige verteilt. Wie war das für Sie?

CS Wir haben ja zusammen einige Krisenherde besucht, an denen es enorme Probleme gibt.

GM Ich habe Sie auf zwei Reisen zu Flüchtlingslagern im Iran und in den Irak begleitet.

CS Genau. Und dort haben wir sehen können, dass Brot nicht nur eine absolute Lebensgrundlage ist, sondern ein Kulturgut, das alle Menschen auf der Welt teilen. Wir versuchen deshalb stets, in den hilfsbedürftigen Regionen Brote nach traditionellen Rezepten zu bekommen und zu verteilen – Brote, mit denen die Menschen etwas verbinden. Aber natürlich ist Brot für viele Kinder oft Erste Hilfe. Denn immer wieder sind wir mit regelrechten Hungersnöten konfrontiert.

GM Macht es Sie da ärgerlich, dass es die EU-Kommission nicht geschafft hat, eine Umverteilung von Flüchtlingen in der EU auf die Mitgliedsländer durchzusetzen? Um beispielsweise Italien und Griechenland zu entlasten. Dieser Plan ist ja vor allem an den Ländern im Osten der EU gescheitert.

CS Ich bin wirklich stolz, dass die EU weltweit der größte Geldgeber für humanitäre Aufgaben ist. Keiner hilft so viel wie wir. Auf der anderen Seite macht es mich sehr traurig, dass einige unserer Mitgliedsländer unsere durchaus fairen Pläne für eine Umverteilung von Flüchtlingen nicht akzeptiert haben. Ich möchte mich an dieser Stelle außerordentlich bei Kanzlerin Merkel bedanken, denn sie hat all diese Grundsätze verteidigt. Sie hat, wir alle haben immer gesagt: „Natürlich nehmen wir die Sorgen unserer Bürger ernst, aber wir müssen uns auch an die moralischen Leitlinien der EU halten." Als Europäer ist es unsere Pflicht, das Leiden der Menschen zu lindern. Dazu gehört natürlich auch, die Ursachen von Flucht und Vertreibung, vor allem in Afrika, zu bekämpfen. Ich persönlich bin fest davon überzeugt, dass wir gerade dort über unser bisheriges Engagement hinausgehen müssen.

GM Mich interessieren bei „Baking Bread" besonders die Wechselbeziehungen zwischen Politik, den Menschen und ihrem Brot. Beim Backen von Koulouri daktyla zum Beispiel wird der Teig zunächst geteilt, aber wächst dann wieder zusammen. Könnte das auch in Zypern gelingen?

CS Ich bin absolut überzeugt, dass wir einen Weg finden müssen, um Zypern wieder zu vereinigen. Denn nur so können wir friedlich mit unseren türkisch-zyprischen Landsleuten zusammenleben. Hierbei spielt die Europäische Union eine wesentliche Rolle. Die ganze Insel muss ein Teil von Europa werden. Das wäre das Beste für uns alle.

Bulgarien

EU-Mitglied seit
1. Januar 2007

Fläche
110.940 km²

Amtssprache
Bulgarisch

Einwohnerzahl
7.050.034

Stand: 1. Quartal 2019

Gäste empfängt man in Bulgarien stets mit Brot und Salz.

Wird ein neues Gebäude eingeweiht, eine Firma eröffnet oder steht man auf einem staatlichen Empfang herum: Überall reichen die Einwohner in bunten Trachten köstlich duftendes Fladenbrot. Das ärmste Land der EU ist reich an traumhaften Landschaften, speziellen Rezepten und traditionellen Spezialitäten. Dazu gehören auch die kross gebackenen Parlenki, flache Brote mit dem typischen Grillpfannenabdruck.

Ein Gittermuster anderer Art bekommt dagegen zu sehen, wer sich Bulgarien von der Türkei aus über die grüne Grenze nähern will. Um Migranten abzuhalten, hat die Regierung hier einen drei Meter hohen Zaun aus Stacheldraht bauen lassen. Und die EU hat dieses Stückchen der „Festung Europa" mitfinanziert.

Viele junge und gebildete Bulgaren wiederum nutzen die Reisefreiheit innerhalb der Europäischen Union, um ihr Glück im Westen zu suchen. Die Korruption ist zu verwurzelt, die Entwicklung im Land zu langsam. Der „Braindrain" schadet dem Fortschritt zu Hause und nutzt dem Rest Europas, weil es willige Arbeitskräfte gewinnt. Für einen gewissen Ausgleich sorgen da die Touristen, denn im feinen Sand der endlosen Schwarzmeerstrände kann man sich unter der bulgarischen Sonne selbst grillen lassen.

ZUM REZEPT >

SO GEHT'S

Bulgariens gegrilltes Fladenbrot

Parlenki

ERGIBT 6 FLADENBROTE

Vorteig (Poolish)

145 g Weizenmehl (Type 550)
145 g handwarmes Wasser
0,7 g frische Hefe

Hauptteig

270 g Weizenmehl (Type 550) plus Mehl zum Bestäuben
160 g Weizenmehl (Type 1700)
190 g Naturjoghurt (3,5 % Fett)
10 g Steinsalz
6 g Zucker
13 g frische Hefe
1 Ei
2 EL Olivenöl plus Öl zum Einfetten und evtl. Bestreichen
60 g flüssige Butter

AUSSERDEM

Grillpfanne

1 Für den Vorteig alle Zutaten einen Tag vorher in einer Schüssel mischen und diesen Poolish **12 Stunden** bei Raumtemperatur **(22 °C)** abgedeckt gehen lassen. **2** Am nächsten Tag für den Hauptteig beide Mehle, Joghurt, Salz, Zucker, Hefe und Ei zum Poolish geben, mischen und in der Küchenmaschine **7 Minuten** kneten. In eine leicht geölte Schüssel geben, abdecken und rund **60 Minuten** gehen lassen. Dabei nach **20** und **40 Minuten** jeweils 1 EL Olivenöl auf den Teig träufeln und von allen Seiten zur Mitte falten. Das Teigvolumen soll sich verdoppeln. **3** Den Teig auf eine nur ganz leicht bemehlte Arbeitsfläche stürzen, in sechs gleich große Stücke (à etwa 165 g) teilen und auf einer bemehlten Arbeitsfläche mit einem Nudelholz kreisrund ausrollen. Auf einem bemehlten Küchentuch nochmals abgedeckt **30–40 Minuten** ruhen lassen. **4** Die Grillpfanne leicht mit etwas flüssiger Butter fetten und die Fladenbrote nacheinander bei niedriger Hitze **2–3 Minuten** pro Seite backen. Jeweils dreimal wenden, damit ein schönes Gittermuster entsteht, und das Brot immer wieder mit Butter bestreichen. Zuletzt noch einmal dünn mit Olivenöl (oder Butter) bestreichen und in einem Brotkorb abgedeckt warm halten, bis alle Fladen gebacken sind. Die Parlenki sofort servieren.

Europas Problembär

„Wenn nichts mehr geht, Terminal 2 geht immer." Unter jungen Bulgarinnen und Bulgaren ist das eine feste Redensart. Sie denken dabei an den Airport von Sofia, wo die Flüge ins Ausland abgehen. Viele versuchen, der Perspektivlosigkeit ihrer ebenso schönen wie armen Heimat zu entfliehen, und das Land verliert seine besten Köpfe. Andererseits zeigt der Exodus der Jungen die Überlebenskraft der Bulgaren, die sie in den Jahrhunderten unter osmanischer Besetzung trainiert haben. Dazu gehört auch eine gewisse Gerissenheit beim Umgehen von Vorschriften. So hatten die Türken ein Gesetz erlassen, dass kein bulgarisch-orthodoxer Kirchturm höher sein dürfe als die Minarette an ihren Moscheen. Die Bulgaren fanden einen Ausweg und legten ihre Kirchen einfach ein paar Stockwerke tiefer. Zum Beten ging man gewissermaßen in den Keller, blieb seinem Glauben treu und schlug den Besatzern ein Schnippchen.

... das Land verliert seine besten Köpfe.

Aus dieser Fähigkeit aber wuchs auch ein fataler Hang zur Korruption. Die Skala von Transparency International führt Bulgarien als korruptestes Land Europas. Vor einigen Jahren gab es massive Proteste unzufriedener Bürger gegen die Regierung. Aber der Klammergriff der Herrschenden um Justiz und Medien wurde nur noch enger. Auf Druck der EU startete 2018 dann eine groß angelegte Aktion gegen belastete Politiker und Oligarchen – mit sehr begrenztem Erfolg. Wie immer, wenn eine Regierungspartei sich selbst untersuchen soll. Und manche Geschichten sind gleichermaßen zum Lachen und zum Weinen. Da gibt es zum Beispiel Bauunternehmer, die an der Schwarzmeerküste Hotelanlagen buchstäblich auf Sand bauten. Und die sich anschließend in Abrissfirmen verwandelten, um die Ruinen wieder abzuräumen.

... manche Geschichten sind gleichermaßen zum Lachen und zum Weinen.

Dabei ist Bulgarien eigentlich zum Mitglied der Europäischen Union bestimmt: Mit fünf Landesgrenzen und Zugang zum Schwarzen Meer war es immer Transitzone und offen für Einflüsse von allen Seiten. Was sich auch an der bulgarischen Küche ablesen lässt, wo griechische und türkische Einflüsse die Speisekarten beleben. Und die Schönheit der Gebirgszüge im Westen des Landes, wo sich Bären und Wölfe gute Nacht sagen, könnte neben den Stränden eine Touristenattraktion für Naturliebhaber sein.

Viele Landeskinder aber suchen weiter ihr Glück und vor allem Einkommen in der Ferne. Auf den Großbaustellen Brüssels und anderer europäischer Hauptstädte haben sie inzwischen die polnischen Kollegen abgelöst und warten geduldig auf bessere Zeiten zu Hause.

FACTS & IMPRESSIONS

Zuschuss von der EU

0,57 €
pro Person
und Tag
(siehe Seite 202)

Vertrauen in die EU

56 %

Lebenszufriedenheit

4,8/10

Entwicklung Einwohnerzahl

−0,73 %
pro Jahr

Gearbeitet wird meist in der Ferne …

Das Kloster des Heiligen Iwan Rilski im westlichen Teil des Rila-Gebirges.

Rumänien

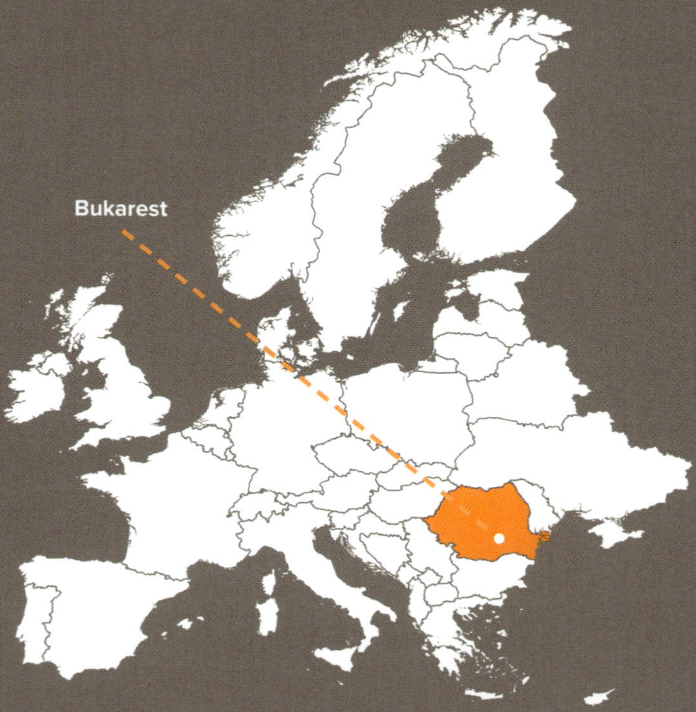

EU-Mitglied seit
1. Januar 2007

Fläche
238.391 km²

Amtssprache
Rumänisch

Einwohnerzahl
19.530.631

Stand: 1. Quartal 2019

In Rumänien brodelt es wie in einem dicken Bohneneintopf aus Transsilvanien.

Dort isst man die Suppe nämlich im Brotlaib, der zusammenhält, was überkochen will. Der Zorn der Bürger über den ausgehöhlten Rechtsstaat, die Selbstbedienung in der Politik und die allgegenwärtige Korruption ist gewaltig. Die Regierung aber hält den Deckel auf all den Skandalen. Dabei muss der doch abgenommen werden, um an die Suppe zu kommen.

Nach einem EU-Gipfel in Sibiu, Hauptstadt der Region Siebenbürgen, habe ich also den Deckel gleich als Erstes verputzt. Denn er ist knusprig und voll guter Aromen. Das kommt von den leckeren Zutaten in der Ciorbă de fasole, weil man hier die guten Traditionen besonders in der Küche schätzt.

Aus Transsilvanien, dem alten Kernland Rumäniens, kommen übrigens auch die besten Korruptionsjäger, so wie Klaus Iohannis, der vom Bürgermeister in Sibiu zum Präsidenten des Landes aufstieg. In der Heimat Draculas kennt man sich eben mit Blutsaugern aus und schätzt deshalb auch den Knoblauch als probates Gegenmittel.

ZUM REZEPT >

SO GEHT'S

Rumäniens „Brot-Bowl“

Bol de pâine de casa

ERGIBT 4 BROTE À 430 G

Vorteig

150 g Weizenmehl (Type 550)
150 g handwarmes Wasser
15 g Weizensauerteig (Anstellgut, siehe Seite 13; alternativ 0,8 g frische Hefe)

Hauptteig

540 g handwarmes Wasser
4 g frische Hefe
600 g Weizenmehl (Type 550)
250 g Weizenmehl (Type 1050)
200 g Roggenmehl (Type 1150)
10 g enzyminaktives Backmalz oder Zucker
24 g Steinsalz
Sonnenblumenöl zum Einfetten
1 Ei

AUSSERDEM

Brotschieber

1 Am Vorabend für den Vorteig Weizenmehl, Wasser und Anstellgut in der Schüssel der Küchenmaschine vermischen und abgedeckt über Nacht **10–12 Stunden** bei Raumtemperatur gehen lassen. **2** Am nächsten Morgen für den Hauptteig Wasser, Hefe, alle Mehlsorten und Backmalz zum Vorteig geben, vermischen und **30 Minuten** abgedeckt ruhen lassen. **3** Dann das Salz dazugeben und in der Küchenmaschine **11 Minuten** kneten, dabei erst ganz langsam beginnen und dann nach und nach auf höhere Stufen schalten. Der Teig löst sich vollständig vom Schüsselboden. **4** Eine Schüssel mit etwas Sonnenblumenöl ausstreichen, den Teig hineingeben, abdecken und etwa **80 Minuten** bei **28 °C** gehen lassen, bis sich das Teigvolumen verdoppelt hat. Dabei den Teig nach **30 Minuten** einmal falten. **5** Auf die Arbeitsfläche stürzen, 40 g vom Teig abtrennen und daraus vier kleine Kugeln formen. Den restlichen Teig in vier gleich große Stücke (à 470 g) teilen und ebenfalls zu Kugeln formen. **6** Die großen Kugeln jetzt rundwirken. Dazu zunächst von allen Seiten in die Mitte falten und dann mit der Naht nach unten umdrehen. Mit beiden Händen auf einer nicht bemehlten Fläche zu sich ziehen, bis die Teigoberfläche schön gespannt ist. **7** Die großen Teigkugeln auf Backpapier platzieren, die kleinen Kugeln auf die großen setzen, mit einem Küchentuch abdecken und rund **60 Minuten** gehen lassen. **8** Den Backofen mit einem Backblech auf **250 °C Ober-/Unterhitze** vorheizen und eine Auflaufform hineinstellen.

Weiter auf der nächsten Seite >

Rumäniens „Brot-Bowl“

Bol de pâine de casa

9 Das Ei mit 1 EL Wasser verquirlen und die Teiglinge damit bestreichen. Mit einer Rasierklinge kleine Schnitte am Bauch der Brote setzen, die später wie eine Ähre ausschauen. Danach mit vier tiefen schnellen Zügen um den späteren „Deckel“ des Brotes Schnitte setzen. **10** Mithilfe des Brotschiebers die Teiglinge mit dem Backpapier auf das heiße Backblech in den vorgeheizten Ofen schieben und ein halbes Glas Wasser in die Auflaufform schütten. **25 Minuten** backen, dabei nach **10 Minuten** die Hitze auf **210 °C** reduzieren und für eine schöne Kruste den Ofen in den letzten **5 Minuten** des Backvorgangs immer wieder kurz lüften. **11** Die fertigen Brote noch im Ofen mit heißem Wasser bestreichen, damit sie schön glänzen. **12** Herausnehmen und die Brote auf einem Küchengitter gut auskühlen lassen. Dann mit einem scharfen Messer oben einen „Deckel“ mit Krume herausschneiden, ohne den Rand der Brote zu verletzen. Zum Servieren die ausgehöhlten Bol-Brote mit Suppe füllen und den „Deckel“ aufsetzen.

7

9

Rumänische Bohnensuppe

Ciorbă de fasole

FÜR 4 PERSONEN

250 g getrocknete weiße Bohnen
Salz
1 Lorbeerblatt
300 g Rückenspeck oder geräucherter Schinken
1 Zwiebel
2 Karotten
1 Pastinake
1 Sellerieknolle
1 rote Paprikaschote
200 g frischer Tomatensaft
1 TL getrockneter Thymian
500 g Borş oder Sauerkrautsaft
frisch gemahlener schwarzer Pfeffer

1 Die Bohnen in Wasser **2–3 Stunden** einweichen. Abgießen und in leicht gesalzenem Wasser mit dem Lorbeerblatt **30 Minuten** vorkochen. Abgießen und den Lorbeer entsorgen. **2** Inzwischen den Speck klein würfeln und in einer Pfanne anbraten. **3** Zwiebel, Karotten, Pastinake und Sellerie schälen und grob schneiden. **4** 2,5 l Wasser in einen großen Topf geben, Bohnen, Speck und Gemüsewürfel hinzufügen und **80 Minuten** kochen. **5** Die Paprika waschen, entkernen und würfeln. **6** Das Gemüse aus der Suppe entfernen und entsorgen. Dann Tomatensaft, Paprika und Thymian zugeben und den Borş angießen. Einmal aufkochen lassen und mit Salz und Pfeffer abschmecken.

TIPP

Alternativ bietet es sich an, die Brot-Bols mit Ciorbă de văcuță, der traditionellen Rindersuppe, zu füllen, die gern mit Brot gegessen wird.

Mitten in der Walachei

Es kommt selten vor, dass ganz Europa auf Rumänien schaut – wie anlässlich des EU-Gipfels im Mai 2019. Ein Frevel allerdings: Wenn schon mal alles auf Rumänien schaut, haben die meisten dabei nur Augen für zwei Dinge: Dracula und Korruption. Dabei hat Rumänien deutlich mehr zu bieten. Zugegeben, während die Legenden um die Gräueltaten von Vlad III. Drăculea tatsächlich nur erfunden sind, ist die

Die rumänische Sprache kennt sage und schreibe 30 Redewendungen für die Umschreibung von Schmiergeld!

Korruption sehr real. Die rumänische Sprache kennt sage und schreibe 30 Redewendungen für die Umschreibung von Schmiergeld! Das wurde auch den Rumänen langsam zu viel, wie ihr Votum bei der EU-Wahl 2019 zeigte. Die regierenden Sozialdemokraten erlitten herbe Verluste. Doch nicht nur Stimmen kamen ihnen abhanden, sondern auch ihr Vorsitzender. Liviu Dragnea wanderte kurz nach der Wahl ins Gefängnis. Grund: Korruption.

Was man indes alles verpasst, wenn man nur Augen für diese Missstände hat, wird deutlich, wenn man die Millionenmetropole Bukarest verlässt. Fernab der Hauptstadt geht es deutlich ruhiger zu – und vor allem viel atemberaubender! Rumänien besitzt nämlich eine unberührte Naturlandschaft, die ihresgleichen sucht. In einigen Landstrichen gibt es immer noch mehr Bären als Menschen. Zum Beispiel in Teilen der berühmten Karpaten. Schön und vor allem schön ruhig ist es auch mitten in der Walachei, die es sogar zum Synonym für „nichts los" geschafft hat. 1861 war hier jedoch einiges los. Da schloss sich nämlich das Fürstentum Walachei mit dem Fürstentum Moldau zusammen. Der Staat Rumänien war geboren. Und schaut man auch hier genau hin, erkennt man, dass Rumänien mehr von der europäischen Idee besitzt, als man ahnt. Hier wohnen

In Rumänien wohnen sehr viele Bevölkerungsgruppen zusammen.

nämlich ebenfalls sehr viele Bevölkerungsgruppen zusammen. Das tun sie zwar auch nicht immer ganz konfliktfrei, dennoch prägen sie bis heute ganze Regionen wie zum Beispiel die deutschen Siedler Siebenbürgen. Doch auch Ungarn, Roma, Türken, Russisch-Lipowaner, Tataren, Serben und viele mehr – sie alle haben ihren Platz im Land. Und im Parlament! Bei dessen Wahlen steht nämlich insgesamt 18 Minderheiten – unabhängig von den abgegebenen Stimmen – jeweils ein Sitz zu. Und das per Gesetz! Ganz ohne zu schmieren. Rumänien hat also tatsächlich mehr zu bieten als nur Dracula und Korruption. Man muss eben nur genau hinschauen.

FACTS & IMPRESSIONS

Zuschuss von der EU

0,47 €
pro Person
und Tag
(siehe Seite 202)

Vertrauen in die EU

52 %

Lebenszufriedenheit

7,1/10

Entwicklung Einwohnerzahl

–0,58 %
pro Jahr

In den Karpaten gibt es mehr Bären als Menschen.

Vielfältiges Miteinander – 18 Minderheiten im Parlament.

Kroatien

EU-Mitglied seit
1. Juli 2013

Amtssprache
Kroatisch

Fläche
56.594 km²

Einwohnerzahl
4.105.493

Stand: 1. Quartal 2019

Wie Pogača oder Pogaèa genau geschrieben wird, ist so umstritten wie die Frage, wo das Rezept für das butterzarte Weißbrot ursprünglich herkommt.

Denn Kroaten, Serben, Mazedonier – ganz Ex-Jugoslawien beansprucht dieses leckere Brot für sich.

Diese Freude am Streiten scheint leider typisch für die Region. Und sie wird im jüngsten Mitgliedsland der EU weiter gepflegt, Gott sei Dank nur noch auf kleiner Flamme. Besonders viel Freude bereiten Grenzstreitigkeiten und da zanken die Kroaten nicht nur mit den Nachbarn Bosnien-Herzegowina, Serbien und Montenegro, sondern vor allem mit EU-Partner Slowenien. Es geht um ein paar Kilometer einer Meeresbucht in der Adria, die ein internationales Schiedsgericht zu rund 80 % den Slowenen zugesprochen hat. Eigentlich sollte damit alles in Butter sein, so wie beim Pogača-Teig, aber Kroatien bleibt bockig und will das Urteil nun doch nicht anerkennen.

Diese Rolle rückwärts hat leider dem Rest Europas den Appetit auf mehr Erweiterung im Balkan gehörig verdorben. Aber das Gelbe vom Ei kann schließlich am Ende noch kommen, in der Politik wie bei diesem Brot. Denn Brüssel würde es schmecken, als strategischer Friedensstifter in den Ländern Südosteuropas zu strahlen. Wenn nicht schon jetzt, dann wenigstens in näherer Zukunft.

ZUM REZEPT >

SO GEHT'S

Kroatiens Weizenbrot

Pogača

ERGIBT 1 BROT

Vorteig

90 g Weizenmehl (Type 1050)
60 g Milch
4 g frische Hefe

Hauptteig

310 g Weizenmehl (Type 550)
215 g Weizenmehl (Type 1050)
10 g frische Hefe
120 g handwarmes Wasser
40 g Pflanzenöl oder
Sonnenblumenöl plus
Öl zum Bestreichen
75 g Ziegenjoghurt (alternativ
Kuhmilchjoghurt)
10 g Zucker
7 g Steinsalz
3 Eier
50 g weiche Butter plus
etwas Butter zum Einfetten

1 Für den Vorteig alle Zutaten mischen, abdecken und bei **22 °C** über Nacht **15 Stunden** gehen lassen. **2** Am nächsten Tag für den Hauptteig beide Mehle, Hefe, Wasser, Öl, Joghurt, Zucker, Salz und zwei Eier mischen. Eine Schüssel mit Öl ausstreichen, die Teigkugel hineingeben, abdecken und **45 Minuten** gehen lassen. **3** Den Teig kurz durchkneten, in fünf Stücke teilen (einmal 300 g und viermal à 175 g) und diese zu Kugeln formen. **4** Die große Kugel abdecken und beiseitestellen. Die kleineren Kugeln zu 30 cm großen Fladen ausrollen und mit der Butter bestreichen. Übereinanderstapeln und zu einem 1 cm dicken Kreis ausrollen. Etwa 20 kleine Dreiecke ausschneiden und wie Hörnchen aufrollen. **5** Die Springform mit Butter einfetten. Die große Teigkugel in die Mitte der Form legen und die Hörnchen kreuz und quer daneben platzieren. Bei **22 °C** etwa **45 Minuten** gehen lassen, bis sich das Teigvolumen verdoppelt hat. **6** Inzwischen den Backofen auf **220 °C Ober-/Unterhitze** vorheizen. **7** Das restliche Ei verquirlen, die Teigstücke bestreichen und im vorgeheizten Backofen etwa **30 Minuten** backen, dabei eventuell mit Alufolie abdecken. **8** Herausnehmen und die Pogača auf einem Küchengitter abkühlen lassen.

AUSSERDEM

runde Springform (Ø 26 cm)

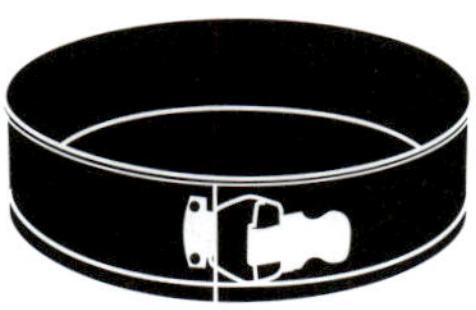

„Game of Thrones“ und Fußball

Der englische Dichter Lord Byron pries die Stadt Dubrovnik als „Perle der Adria“. Die Geschichte von Ragusa, wie Dubrovnik früher hieß, reicht zurück bis ins Römische Reich. Es wurde stolzer Stadtstaat und viele Kulturen hinterließen im Lauf der Jahrhunderte ihre Spuren. Die Architektur reicht von Gotik über Renaissance bis Barock. Diese historische Kulisse lockte auch Hollywood, weshalb hier etliche Szenen der Blockbuster-Serie „Game of Thrones“ gedreht wurden. Die GoT-Fangemeinde begann, in Scharen zu den fiktiven Schauplätzen der Saga zu strömen. Dabei ist Dubrovnik längst einer der Orte in Europa, in dem die Stadtväter die Touristenmassen eher abwehren müssen und wo es manchmal „wegen Überfüllung geschlossen“ heißen sollte.

Diese historische Kulisse lockte auch Hollywood …

Kroatien könnte allerdings nicht nur die Kulissen, sondern auch gleich das Drehbuch für Fantasy-Abenteuer liefern. Denn die Geschichte des Landes ist voller Machtkämpfe, Intrigen, Königshäuser und Schlachten. Lange schafften es die Herrscher, aus der Handelsroute nach Südosteuropa ihren Nutzen zu ziehen. In der Glanzzeit der Stadt gelang es dem Zwergstaat, durch schlaue Politik zwischen den Machtansprüchen von Venedig, Spanien und dem Osmanischen Reich zu balancieren. Dann kamen Napoleon, das Habsburger Reich, die Republik Jugoslawien, das finstere Kapitel der Balkankriege und 2013 – für das nun unabhängige Kroatien – der EU-Beitritt. Es ist, was man eine wechselreiche Geschichte nennt.

Seitdem entwickelte sich Kroatien ökonomisch enorm, wenn es auch politisch und bei der Aufarbeitung von Kriegsgräueln noch etwas hinterherhinkt. Man setzt auf Tourismus und die Schönheiten von 1.778 Kilometern Küste, der vom UNESCO-Welterbe geschützten alten Orte, 2.700 Sonnenstunden im Jahr, die Berge und Seen im Hinterland, Naturparks sowie über 1.000 Inseln. Und wenn böse Zungen behaupten, Kroatien sei wie Italien – nur ohne die gute Küche –, dann ist das nichts als üble Nachrede und Neid unter Nachbarn. Außerdem haben die Kroaten bei der letzten Fußball-WM gezeigt, dass es auch eine kleine Nation mit Löwenherz ins Finale schaffen kann, in dem die kroatische Präsidentin dann in den Genuss eines Selfies mit ihrem französischen Kollegen kam – nur für die Geschichtsbücher natürlich.

… eine kleine Nation mit Löwenherz …

FACTS & IMPRESSIONS

Zuschuss von der EU

0,17 €
pro Person
und Tag
(siehe Seite 202)

Vertrauen in die EU

44 %

Lebenszufriedenheit

6,3/10

Entwicklung Einwohnerzahl

–1,18 %
pro Jahr

„Game of Thrones“ in Dubrovnik.

1.778 Kilometer Küste, 2.700 Sonnenstunden im Jahr.

EU-Statistiken

Brotexporte in der EU im Jahr 2018 (in Tonnen)

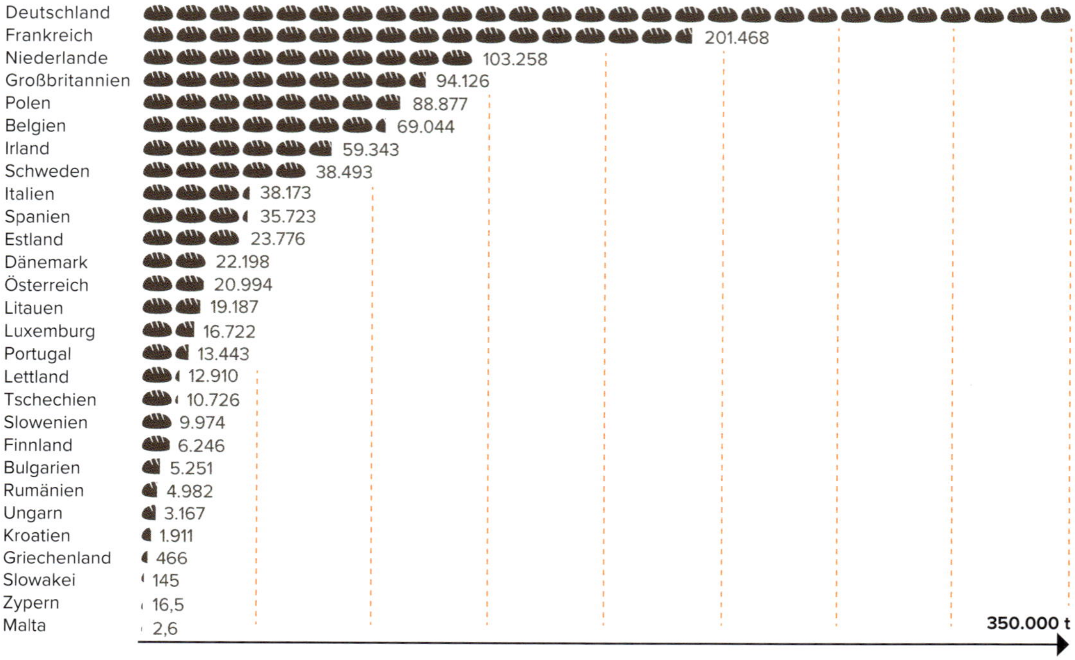

So finanziert sich die EU (pro Kopf pro Tag im Jahr 2017 in €)

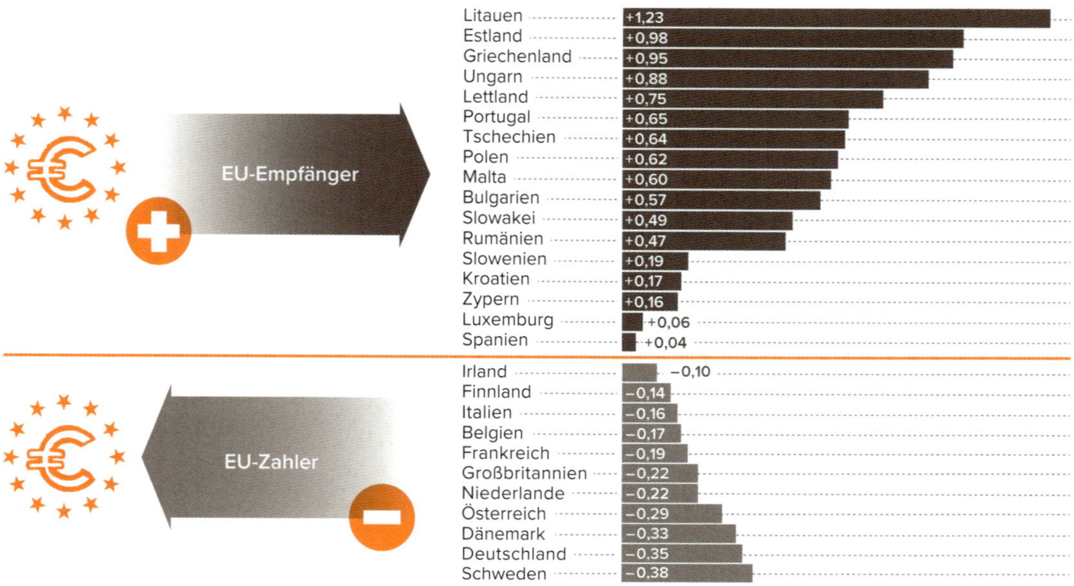

Alle EU-Mitglieder zahlen Beiträge an die Europäische Union, aber manche Länder erhalten mehr aus Brüssel zurück, als sie in den gemeinsamen Haushalt eingezahlt haben. Unterm Strich gibt es in der EU deshalb Zahler und Empfänger. Wie sehr ein Land von der EU profitiert, lässt sich allein durch die Betrachtung der Haushaltszahlen aber nicht sagen.

Anhang

Der Einkaufs- und Ernährungsassistent für unsere Kochbücher

Abschreiben oder Abfotografieren war gestern
Rezepte aus unseren Kochbüchern lassen sich kostenlos auf **www.mengenrechner.de** an individuelle Portionsgrößen anpassen und als E-Mail auf Ihr Smartphone schicken oder gleich dort aufrufen. Zutaten lassen sich streichen, neue Zutaten ergänzen.

Rezept- und Zutatenfilter
Suchen Sie zum Beispiel nach veganen, vegetarischen, glutenfreien, laktosefreien oder nach Rezepten mit Zutaten, die Sie noch vorrätig haben. Speichern Sie Lieblingsrezepte und Einkaufslisten.

Persönlicher Ernährungsassistent
Berechnen Sie wissenschaftlich Ihren täglichen Kalorienbedarf und -verbrauch. Legen Sie Maximalwerte für Kalorien- oder Kohlenhydrataufnahme fest. Führen Sie Tagesprotokolle mit Nährwertbilanz.

Länder

Rezepte

Quellenangaben

Länderangaben (EU-Mitglied seit, Fläche, Einwohner, Amtssprachen) europa.eu/european-union/about-eu/countries_de, Einwohnerzahl: europa.eu/eurostat/tgm/table.do?tab=table&init=1&language=de&pcode=tps00001&plugin=1 **Fläche, Einwohnerzahl Zypern (Seite 172):** www.worldometers.info/world-population/population-by-country. Elaboration of data by United Nations, Department of Economic and Social Affairs, Population Division. World Population Prospects: The 2017 Revision. (Medium-fertility variant). **Facts/Statistik EU-Zuschüsse, -Zahlungen pro Person und Tag, „So finanziert sich die EU (pro Kopf und Tag im Jahr 2018 in €)":** www.bpb.de/nachschlagen/zahlen-und-fakten/europa/70580/nettozahler-und-nettoempfaenger. **Vertrauen in die EU:** bpb.de/nachschlagen/zahlen-und-fakten/europa/70655/vertrauen-in-die-eu, Lebenszufriedenheit. **Entwicklung Einwohnerzahl:** europa.eu/eurostat. **Brotexporte in der EU im Jahr 2018:** ec.europa.eu/eurostat.

Bildquellen 123RF GmbH S. 41, oben: ©bloodua; S. 41, unten: ©Wiesław Jarek; S. 47, unten: ©Sabino Parente; S. 53, unten: ©VALENTIN LUNG ILLES; S. 79, oben: ©tomas1111; S. 87, unten rechts: ©Alexander Mitrofanov; S. 99, oben: ©thoermer; S. 127, oben: ©Janis Smits; S. 147, unten: ©fotorince; S. 165, unten: ©Brian Goodman; S. 171, unten: ©Andras Gyula Csontos; S. 179, oben: ©Kirill Makarov; S. 183, unten rechts: ©Ivo Velinov; S. 187, oben: ©anyaberkut; S. 187, unten: ©Marco Saracco; S. 197, unten links: ©Alberto Giacomazzi. **iStockphoto LP** S. 15, unten links: ©gerduess; S. 19, unten: ©ElenaNoeva; S. 27, oben: ©Animaflora; S. 27, unten: ©suteishi; S. 35: ©onairda; S. 59, oben: ©fotoember; S. 59, unten: ©AsianDream; S. 63, rechts unten: ©Geo-grafika; S. 67, oben: ©spectrumblue; S. 67, oben: ©jdwfoto; S. 69, unten links: ©Lisovskaya; S. 73, oben: ©egal; S. 73, unten: ©mgturner; S. 75, unten links: ©Bepsimage; S. 79, unten: ©Gatsi; S. 85, oben: ©imv; S. 85, unten: ©Atonaltzin; S. 93, oben: ©harrastaja; S. 93, unten: ©JackF; S. 107, unten: ©Leonsbox; S. 113, oben: ©200mm; S. 113, unten: ©PPAMPicture; S. 115, unten links: ©bjphotographs; S. 119: ©Andyworks; S. 121, oben: ©Risto0; S. 127, unten: ©zhongguo; S. 133, unten: ©bruev; S. 139, unten: ©FooTToo; S. 141, unten links: ©enzodebernardo; S. 147, oben: ©djedzura; S. 153, oben: ©jarino47; S. 153, unten: ©Datamatrix; S. 155, unten links: ©tataks; S. 165, oben: ©filonmar; S. 173, unten rechts: ©tunart; S. 179, oben: ©Ingus Kruklitis; S. 195, oben: ©alpinetrail; S. 197, unten rechts: ©Baloncici; S. 201, oben: ©Rocky89; S. 201, unten: ©mbbirdy. **www.audiovisual.ec.europa.eu** S. 47, oben: ©EC/Sipa/Pol Emile; S. 99, unten: ©EC/Laurent Chamussy; S. 107, oben: ©EC/Sipa/Thomas Haley; S. 121, unten: ©EC/Laurent Chamussy; S. 133, oben: ©EC/Petras Malukas; S. 139, oben: ©EC/Olivier Jobard; S. 159, oben: ©EC/Thomas Haley; S. 171, oben: ©EC/Thomas Haley; S. 195, unten: ©EC/Sipa/Frederic Stevens. **Deutsche Welle** S. 4, S. 5, S. 15 rechts unten, S. 19, oben, S. 21, 29, S. 35 unten, S. 37, 43, 49, S. 53 oben, S. 55, 60, 61, S. 63 links unten, S. 69 rechts unten, S. 75 rechts unten, S. 81, S. 87 links unten, S. 95, 101, 109, S. 115 rechts unten, S. 123, 129, 135, S. 141 rechts unten, S. 149, S. 155 rechts unten, S. 161, 167, S. 173 links unten, S. 180, 181, S. 183 links unten, S. 189, 206.

Vita

Georg Matthes, geboren 1976, ist Europa-Korrespondent der Deutschen Welle und Hobbybäcker. Für ein saftiges Brot sowie für eine spannende Reportage legt der Redakteur des deutschen Auslandsrundfunks schon mal eine Nachtschicht ein. Die großen Fragen, die Europa, die EU und die NATO bewegen, sind seine Leib- und Magenthemen. Matthes reiste mit Flüchtlingen entlang der Migrationsroute durch den Balkan, war nach Terroranschlägen in Paris, Brüssel und London vor Ort und drehte eine TV-Serie über den Brexit. Früh legte Georg Matthes seinen Schwerpunkt auf internationale Beziehungen und erlangte seinen Bachelor und den Master of Science an der London University, School of Oriental and African Studies (SOAS) in Großbritannien.

Als Redakteur verschiedener Zeitungen und Fernsehsender konnte er seine Leidenschaft zum Beruf machen. Als Filmemacher drehte er Reportagen in Afrika, Asien, dem Nahen Osten und den USA. Mit „Baking Bread" kehrt Georg Matthes zu seinen süddeutschen Wurzeln zurück: Seine schwäbische Oma brachte ihm das Brotbacken in den handgemachten Kupferformen seines Opas bei. Und von väterlicher Seite kommt das Sahnehäubchen: Die Vorfahren in Bayern hatten sogar eine Konditorei.

Danke

Dieses Buch ist so wie die EU ein Gemeinschaftsprojekt. Ich bedanke mich deshalb bei nicht weniger als 28 Mitstreitern, ohne die ich „Baking Bread“ nicht gebacken bekommen hätte. Besonderer Dank gilt den Gründerstaaten, also den sechs, die von Anfang an dabei waren. An erster Stelle steht Max Hofmann, Leiter des DW-Studios Brüssel, der das Rezept für „Baking Bread“ mit mir entwickelt hat. Ebenso Rolf Rische, Leiter der DW-Hauptabteilung Kultur und Leben, der die Idee zum Buch hatte und treibende Kraft war. Ein großes Dankeschön gilt meiner Kollegin Barbara Wesel ebenso wie Oliver Glasenapp für die Unterstützung beim Schreiben der Texte. Danke auch an Producerin Eleanor Mears und Kameramann Adriaan De Loore für ihren kreativen Input.

Der Gründung der EU folgten sieben Erweiterungsrunden, entsprechend danke ich weiteren 22 Mitstreitern. Darunter Projektleiter Boris Claudi, Leiterin Kultur Aktuell Susanne Lenz-Gleißner, Adrian Kennedy, Melanie von Marschalck, Dirk Houben und Goele Van den Eynden sowie Kameramann Hendrik Vervaeke. Dem gesamten Studio Brüssel gilt besonderer Dank, vor allem Lucia Schulten und Doris Pundy. Stellvertretend für alle, die mit mir Sauerteige und Rezepte geteilt haben, danke ich EU-Kommissarin Margrethe Vestager und Hobbybäcker Jean-François Delogne. Besten Dank auch dem Becker Joest Volk Verlag, ganz besonders Verleger Ralf Joest, Johanna Hänichen, Melanie van Bentum, den Autoren Fabian Kendzia und Lorenz Ritter, den Lektorinnen Doreen Köstler und Şebnem Yavuz sowie der Fotografin Lisa Nieschlag. Last, but not least, danke ich drei Frauen in meiner Familie. Meiner Frau Susy Karammel, die alle Brote vorgekostet hat, meiner Mutter Irmgard Matthes und natürlich Lydia Nägele, meiner Oma.

Der Verlag dankt allen Beteiligten, die durch ihre Mithilfe und Unterstützung zum Gelingen dieses Buches beigetragen haben. Für ihre unermüdlichen Bemühungen um die außerordentliche Qualität danken wir unseren Mitarbeitern Johanna Hänichen, Justyna Schwertner, Ellen Schlüter, Maja Filipek, Anne Krause, Katerina Stegemann, Annika Steinacker, Valerie Mayer, Markus Phlippen und Caroline Mohr.

Impressum

Originalausgabe Becker Joest Volk Verlag GmbH & Co. KG
Bahnhofsallee 5, 40721 Hilden, Deutschland

3. Auflage März 2020
ISBN 978-3-95453-176-9

WWW.MENGENRECHNER.DE
UNSER KOSTENLOSER SERVICE FÜR SIE

Ausführliche Infos
Seite 203

Autor Georg Matthes
Texte Facts & Impressions Fabian Kendzia, Lorenz Ritter
Food-Fotografie Lisa Nieschlag
Foodstyling Verena Poppen, Kristina Ballerstädt
Porträts Georg Matthes für Titel und Vita Susy Karammel
Fotos Interview Margrethe Vestager Adriaan De Loore
Fotos Interview Christos Stylianides Hendrik Vervaeke
Projektleitung Johanna Hänichen
Buch-, Covergestaltung, Satz und Illustrationen Dipl.-Des. Melanie van Bentum
Bildbearbeitung, Lithografie
Ellen Schlüter und Makro Chroma Joest & Volk OHG, Werbeagentur
Lektorat Doreen Köstler
Fachlektorat Rezepte Şebnem Yavuz
Druck Firmengruppe Appl, aprinta druck GmbH

**BECKER
JOEST
VOLK
VERLAG**
www.bjvv.de

In Lizenz der

DW